知っていますか

のこと

学ぼう
話そう
日本事情

改訂版
（2023年版）

JASSO
日本語教育センター

はじめに

本センターでは、旧関西国際学友会の平成6年度より、専修学校に進学する文部科学省国費留学生に対する予備教育を行っており、平成30年度まで57か国798名の国費留学生を受け入れてきました。

彼らの出身国は、アジアのみならず南北アメリカ、太平洋諸国、アフリカ、ヨーロッパに及び、日本文化との距離も様々です。来日時の日本語のレベルは、日本語未習またはそれに類するレベルの学生から日本語能力試験N1、N2合格者も含まれ、全体としてレベルに大きな開きがあります。そのため、このように様々な学生が混在するクラスでも使用可能な日本事情教材の開発が急務でした。

平成9年度から独自教材の開発を進め、予備教育に求められる日本事情教育について専修学校への聞き取り調査を実施し、『日本事情　もっと知りたい日本・日本人』（関西国際学友会：2000）を編纂しました。その後改訂作業を行いましたが、さらに学習項目の見直しと、指導のポイントの明確化が必要であることがわかったため、改めて内容について精査し、大幅に改訂した新しい教科書を作成することにしました。

作成は平成17年度より3年計画で行い、平成17年度は新しい日本事情教科書の方針を明確にした上で、専修学校に進学する学生にとって必要な日本事情の知識とは何かを調査しました。17年度に本センターに於いて開催された研究協議会[注1]では、予備教育機関に求められる日本事情教育について再確認し、その結果を踏まえて教科書作成の指針を決定しました。

平成18年度は試用版の作成を行い、平成19年度にその評価に基づいて改訂し、完成版を上梓しました。その後授業で使用する中でさらに改訂を加えていきました。しかしながら、この完成版は学内用教科書として作成したため、学外からの使用したいという声にこたえられませんでした。より広く使用される教材とするため、平成29年度より出版のための改訂作業を行い、完成を迎えたのが本書です。

本書が、日本社会の入り口に立って一歩を踏み出す留学生や、留学生に関わる方々の一助となれば幸いです。

平成31(2019)年3月
執筆者一同

増刷するにあたって、1課プロローグ「日本の地理」「データで見る日本人」の詳細改訂、及び6課日本人の一生「成人式」「結婚式」の記載内容を改訂し、改訂版(2023年版)としました。

注1　2005年12月10日「第1回日本語教育機関教員と留学生進学先教育機関の教育担当者との研究協議会―専修学校進学生に求められる日本語能力および基礎知識」

この本をお使いになる方へ

留学生は進学先で日本人学生と授業を受ける際、日本の習慣、ルール、文化への理解とコミュニケーション能力、実習や研修に参加する実践力が求められます。その手助けとなるよう、本書ではそれらが短期間で効果的に身につけられるように構成されています。また日本人の方にも留学生と一緒にこのテキストを使用しながら交流を深めていただけたらと考えています。

本書の特徴

■ 日本語初級修了レベルの学生から理解できる語彙、文法を使用しています。また、すべての漢字にふりがなをつけました。
■ 11の課と7のコラムからなっていますが、それぞれが独立しているので、興味や必要に合わせてどこからでも始められます。
■ 1つの課は8ページ構成で、本文6ページ、確認問題1ページ、発展1～2ページになっていて、およそ2時間×2回の授業で進むことを目安としています。
■ コラムは見開き2ページで、1時間から2時間程度で進むことを目安としています。
■ ディスカッションや作業を取り入れ、学生が積極的に取り組めるようにしてあります。
■ 学習者のレベルに合わせて授業内容や時間を調節できるように工夫されています。
■ 各課の解答はWEBで公開しています。

［解答へのアクセス方法はこちら］

下記のQRコードもしくは下記のアドレスから大阪日本語教育センターHPの教材開発のページにアクセスしてください。

日本語・日本事情教科書【市販品】
・『知っていますか 日本のこと──学ぼう 話そう 日本事情──』

https://www.jasso.go.jp/ryugaku/jlec/ojlec/research/__icsFiles/afieldfile/2021/03/12/answers_nihonnokoto.pdf

本書の構成

●到達目標

学習を始める前にこれから学習することを確認し、学習後に各自の到達度をチェックします。

●課

1）しっていますか・考えてみよう

授業の導入の際に、学習者がその課全体がイメージでき、教師が学習者の予備知識や経験を把握できるような質問です。

2）本文

文章を読むだけでなく作業やタスクを通して興味を持って学べるように工夫してあります。

3）発展

その課の理解を深めるためのタスクやディスカッションの材料になる資料などがあげてあります。進度やクラスのレベルによって利用してください。

●コラム

資料的なものや短時間で扱えるものを取り上げています。

●課題

各自が興味を持った日本文化や日本人の習慣についてテーマを決めてインタビュー調査を行い、データをまとめてプレゼンテーションをさせます。

到達目標　【課】

学習が終わったら、目標が到達できたかどうかチェックしましょう。

課・タイトル	STEP 1（絶対必要な基礎的知識）	STEP 2（発展的知識）
1課 プロローグ	□日本について人口、首都、国旗など基本的なデータを把握する □日本のおおまかな気候、地理などを把握する □現代日本人の生活を知る	□日本の概観を理解し、自分の国と比較して話すことができる
2課 日本人の名前	□日本人の名前の構造を知る □日本人に多い名字と成り立ちを知る □日本人の名付け方を知る	□日本人の名前を聞いて性別が推測できる □名字の使われ方や名前の呼ばれ方から、日本人の人間関係を理解する
3課 野球と日本人	□野球の基本的ルール、守備のポジション、道具を知る □日本の有名なプロ野球チーム、球場名を知る □日本人の野球の楽しみ方を把握する □日本での野球の人気について理解する	□自分の国で人気のあるスポーツと比較し、背景や理由について話すことができる □野球観戦が楽しめる □日本人と野球の話題で楽しく会話ができる
4課 マンガ・アニメ	□日本人とマンガ・アニメの関わり方を理解する □マンガの読み方がわかる □有名なマンガ・アニメのキャラクターを知る □マンガを通して擬音語、擬態語を理解する	□日本のマンガ・アニメが楽しめる □日本人とマンガ・アニメの話題で楽しく会話ができる □世界で日本のマンガ・アニメが人気がある理由が考察できる
5課 いろいろな言葉づかい	□場面・相手によって言葉を使い分けることの意味を理解する □場面・相手によって言葉を使い分ける事ができるようになる □（依頼／誘い／断り／質問／謝罪）	□場面、話し相手に応じて正しい言葉の選択ができる
6課 日本人の一生	□日本人が一生のうちに行う習慣・行事について、その年齢や目的、内容を理解する □日本人の宗教観を知る	□日本人の行事に参加したとき、適切な振る舞いができる

到達目標　【課】

学習が終わったら、目標が到達できたかどうかチェックしましょう。

課・タイトル	STEP 1　（絶対必要な基礎的知識）	STEP 2　（発展的知識）
7課 年賀状・ 手紙・ Eメール	□ 年賀状を正しく書くことができる □ 日本語の手紙の基本的なルールを知り、丁寧な手紙が書ける □ 形式に応じて封筒、はがきに宛名・差出人等の情報が書ける	□ Eメールと手紙の書き方の違いを理解し、場面に応じたEメールが書ける □ 暑中見舞いなど、季節の挨拶状を送ることができる
8課 すもう	□ 相撲の歴史、ルール、有名な力士を知る □ 力士になるための条件、力士の生活を知る □ 番付・星取り表が読める	□ すもう観戦が楽しめる □ 日本人とすもうの話題で楽しく会話ができる
9課 専門学校 への進学	□ 日本の教育制度を把握する □ 専門学校と大学の違い（進学目的・学べること）を理解する □ 自分の進学する専門学校について説明できる	□ 専門学校と大学の違いを理解したうえで、面接試験で正しい受け答えができる □ 将来の目標ややりたい仕事、そのために必要な知識について説明できる
10課 日本の 観光地	□ 日本の都道府県名と県庁所在地名を知る □ 日本の世界遺産の所在地と特色について知る	□ 日本の各地方の特色について話すことができる □ 日本の世界遺産について簡単な説明ができる □ 日本での国内旅行のプランが立てられる
11課 歴史	□ 日本史の時代区分と流れがわかる □ それぞれの時代でだれが主権を持っていたかわかる □ それぞれの時代の首都（都・幕府）の所在地がわかる □ 日本人なら誰でも知っている有名な歴史上の人物を知る	□ 日本史の概観を理解し、日本の歴史についての話題に対応できる □ 日本の歴史について簡単に自分の言葉で説明できる

到達目標　【コラム・課題】

学習が終わったら、目標が到達できたかどうかチェックしましょう。

タイトル	STEP 1 （絶対必要な基礎的知識）	STEP 2 （発展的知識）
コラム1 季節と対策	□冬を暖かく過ごす方法がわかる □インフルエンザの症状、予防法、対処法がわかる □花粉症の時期と症状、予防法がわかる □梅雨の時期と特徴、生活法がわかる	□体調を崩すことなく快適に日本での生活が送れる
コラム2 文化史 資料	□この50年間の日本のマンガやテレビ番組、ヒット曲、ゲームなどを知る □この50年間の世界と日本の大きな事件を知る □この50年間の日本の流行語を知る	□日本の大衆文化についての概観を得、見識を広め、豊富な話題で日本人と話せる
コラム3 マナー・習慣・ルール	□日常生活の中で状況や相手によって配慮すべきさまざまなマナー・習慣・ルールがあることがわかる □学校生活の中で学生として守るべきマナーやルールがあることが理解できる	□知識を普段の生活に活かして、失礼にあたる行為やトラブルを避け、まわりの日本人と円滑な人間関係を保って生活できる
コラム4 年中行事カレンダー	□季節ごとにどんな年中行事があるかを知る	□日本人の季節感を理解できる
コラム5 トラブル対策	□普段の生活で起こりうるトラブルについて意識し、その対処方法がわかる（財布を落とした場合・電車などでの忘れ物・交通事故） □基本的な交通ルールがわかる	□トラブルを自分で処理できる（カード会社・銀行などとのやりとりができる）
コラム6 方言	□方言と標準語の違いを理解する □方言のアクセントや表現を知る	□関西弁の聞き取りができ、コミュニケーションに取り入れられる
コラム7 政治	□日本の政治のシステムを理解する □日本国憲法のポイント、国民の義務と権利が簡単に説明できる □税の仕組み、最近の社会と法律について知る	□日本の政治のシステムを理解し、ニュースを聞いてわかるようになる □日本の政治システムと自分の国の政治システムとの違いが話せる
課題 「日本人50人に聞きました」	□調べたい内容に到達できるような質問が作れる □日本人にインタビューができる □データを日本語でまとめられる □クラスで日本語でわかりやすく発表できる	□理論だててリサーチができる □パソコンでレジュメを作ることができる □聞き手が楽しめるプレゼンテーションができる

もくじ

1 プロローグ

しっていますか？

1）日本と聞くと、何が思い浮かびますか。

2）日本の人口は何人ですか。

3）日本の国花は何ですか。

4）日本人の平均寿命は世界で何番目に長いでしょう。

1．日本ってどんな国？（　　）の中に適当な言葉を下から選んで書きなさい。

1）国土面積は、約 38 万 k㎡（平方キロメートル）で世界 196 か国の中で（①　　　）番目に大きい国です。首都は東京です。

2）人口はおよそ（②　　　　　　）人で、一番人口が多いのは（③　　　　　）です。その次は、（④　　　　　）、（⑤　　　　　）です。

3）国旗は、日の丸と呼ばれています。白で（⑥　　　　　）と赤で（⑦　　　　　）を表現したもので、平和への願いと感謝の気持ちがこめられています。

4）〈日本の貿易〉　出典：財務省貿易統計（2017 年度）を加工して作成

主な輸出品	主な輸入品	主な貿易相手
（⑧　　　　　）	（⑨　　　　　）	中国
鉄鋼	LNG（液化天然ガス）	アメリカ
半導体等電子部品	（⑩　　　　　）	韓国
自動車部品	石炭	

太陽	神奈川	大阪
東京	1 億 3000 万	
石油	自動車	61
素直な心	衣類	

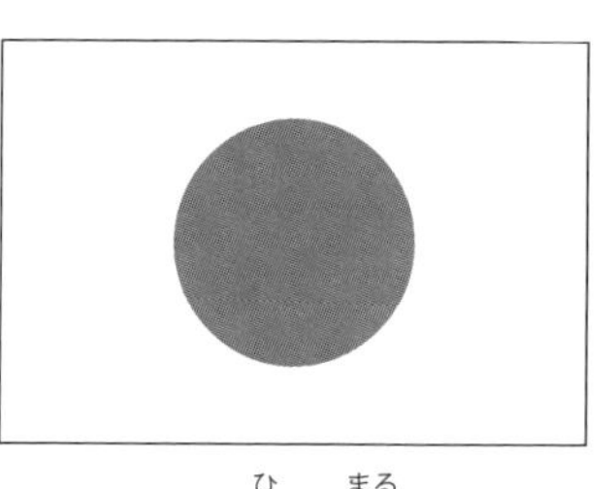

●日の丸

2. 日本の気候（参考：気象庁 HP を参考に作成）

▬降水量　—●—気温

① 北海道の気候（札幌）

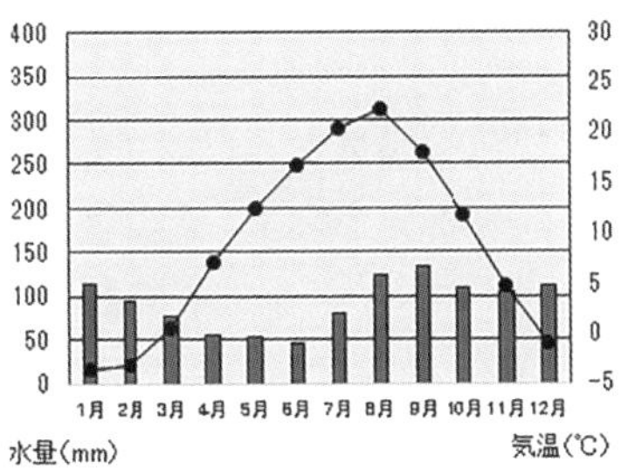

② 中央高地の気候（長野）

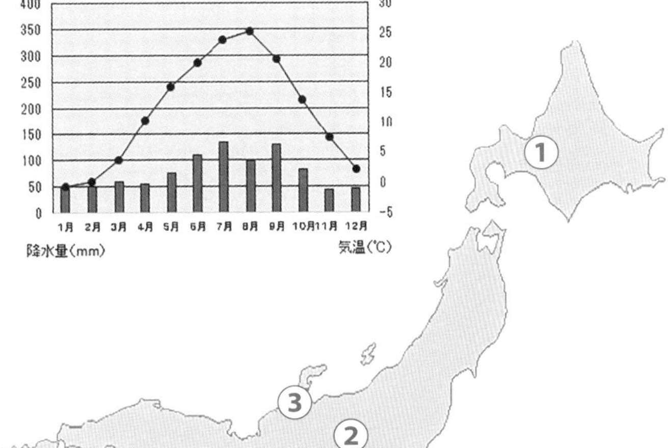

③ 日本海側の気候（金沢）

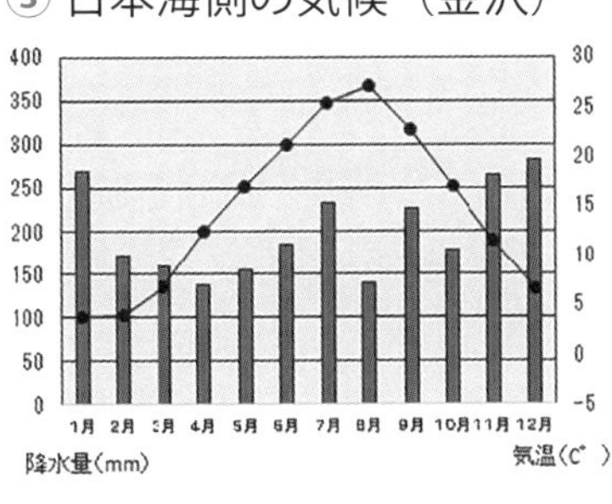

⑥ 

④ 太平洋側の気候（高知）

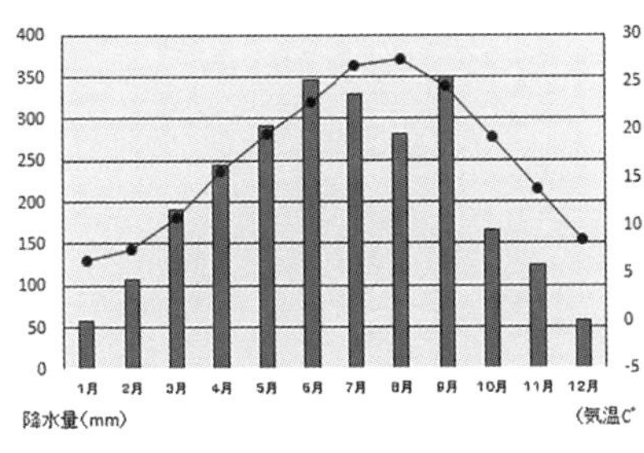

⑤ 瀬戸内の気候（松山）

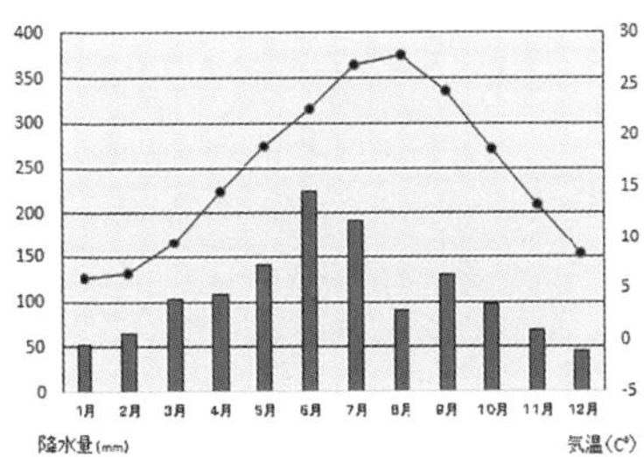

⑥ 南西諸島の気候（那覇）

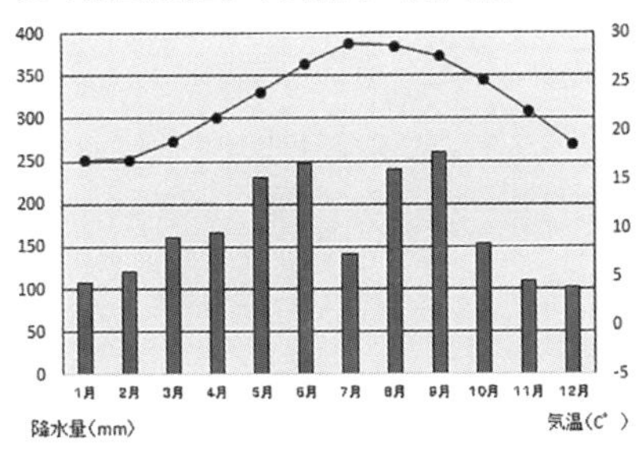

1）夏でも涼しいところはどこですか。

2）冬でも気温が 15 度以上あるところはどこですか。

3）冬の降水量が一番多いところは何番の気候ですか。

それはなぜだと思いますか。

3．日本の地理

☆高い山ベスト３

1．（　　　　　）（3,776メートル）
2．北岳　　　　（3,193.2メートル）
3．奥穂高岳　　（3,190メートル）

☆長い川ベスト３

1．信濃川　（367キロメートル）
2．利根川　（322キロメートル）
3．石狩川　（268キロメートル）

☆大きい湖ベスト３

1．（　　　　）（670平方キロメートル）
2．霞ヶ浦　（168平方キロメートル）
3．サロマ湖（152平方キロメートル）

☆人口の少ない県ベスト３

1．鳥取県　（551,806人）
2．島根県　（666,331人）
3．高知県　（693,369人）

住民基本台帳に基づく人口、人口動態及び世帯数（令和４年１月１日）（総務省）

☆温泉が多い県ベスト３

1．（　　　　）（234か所）
2．長野県　　（197か所）
3．新潟県　　（144か所）

令和２年度温泉利用状況（環境省）を加工して作成

4．データで見る日本人　正しいのはどれでしょう。

1）大学を卒業して就職する人は（① 45.3％　② 72.9％　③ 97.6％）です。

2）大学を卒業した人の初めての給料は（①206,900円　②225,400円　③253,500円）です。

3）平均結婚年齢は（①夫 26.2歳、妻24.0歳　②夫 31.2歳、妻29.6歳）です。

4）出生率（一人の女性が一生に生む子供の数）は、（①1.3人　②2.1人　③3.2人）です。

5）平均寿命は（①男性74.38歳、女性78.25歳　②男性81.47歳、女性87.57歳）です。

6）一番多い血液型は、（①A型　②B型　③O型　④AB型）です。

出典：1）令和３年度大学等卒業者の就職状況調査（厚生労働省）を加工して作成　2）令和３年度賃金構造基本統計調査（厚生労働省）を加工して作成　3）令和２年版厚生労働白書（厚生労働省）を加工して作成　4）令和３年人口動態統計（厚生労働省）を加工して作成　5）令和３年簡易生命表（厚生労働省）を加工して作成

5．ある日本人の一日

◆日本人はどんな一日を過ごしているでしょう。

6　8　10　12　14　16　18　20　22　24　2時

高校二年生	起床・朝食	登校・授業	昼食	授業	部活動・進学 補習	帰宅・夕食	勉強	テレビ・パソコン	入浴	就寝		
高校三年生	起床・朝食	登校・授業	昼食	授業	図書室で勉強	塾で勉強	帰宅・夕食	入浴	テレビ・パソコン	就寝		
大学二年生	睡眠	起床・朝食	登校・授業	昼食	授業	サークル	アルバイト	帰宅・夕食	テレビ	入浴	パソコン	就寝
会社員（30歳 男性）	睡眠	起床・朝食	出社・仕事	昼食	仕事	残業・同僚と夕食 ジム（週三回）	帰宅（夕食）	テレビ・パソコン	入浴	就寝		
退職後（75歳 男性）	新聞を読む 朝食・犬の散歩 起床・犬の世話	妻と買い物	昼食	昼寝	テレビ（すもう）		家事を手伝う	テレビ（野球） 夕食	入浴	就寝		

1）高校生の生活を見てどう思いますか。

2）大学生の生活を見てどう思いますか。

3）男性会社員の生活を見てどう思いますか。また女性会社員の生活も想像してみましょう。

4）退職後の男性の生活を見てどう思いますか。また女性の生活も想像してみましょう。

5）あなたの国の人と比べてみましょう。

2 日本人の名前

しっていますか？

1）日本では、名字（姓、家族の名前、Family name）と名前（個人の名前、First name）はどのような順番ですか。

2）日本人の名字を３つ挙げてください。

3）日本人の男の人の名前を３つ挙げてください。

4）日本人の女の人の名前を３つ挙げてください。

5）日本では名字や名前を呼ぶ時、後ろにどんな言葉をつけますか。

1．名前の構造

名前の構造は国によってちがい、次のア．イ．ウ．を使って表します。

ア．名字、姓(Family name)　イ．名前(First name)　ウ．その他(Middle name など)

日本人の名前は「鈴木　一郎」のようにア．イ．の順番で表します。

ア．	イ．
鈴木	一郎

名字と名前のことを姓名や氏名とも言います。

◆みなさんの国ではどうでしょうか。

あなたの名前をフルネームで書いて、ア．イ．ウ．を書き入れてみましょう。

◆ほかの構造を持っている国は？　(　　　　　　　　　　　　　　)

その国の友達の名前をフルネームで書いて、ア．イ．ウ．を書き入れてみましょう。

2．名 字

（1）名字の歴史

日本では、江戸時代（1600～1867）に農民と商人が名字を持つことを禁止されたため、庶民は名前で呼ばれていました。区別するときは出身地や職業、屋号などを前につけました。すべての人が名字を持つようになったのは明治時代（1868～1912）からです。

（2）名字の成り立ち

日本人の名字は、自然（例：山、川、森、田、木）や位置やようす（例：東、西、上、中、下、大、高）を表すものや、それを組み合わせたものが多いです。例えば山下さんは山の下の方に住んでいる人です。このような漢字を組み合わせた名字を書いてみましょう。

（例：山下）（　　　　　）（　　　　　）（　　　　　）（　　　　　）

（3）日本人の名字

日本人の名字は種類が多く、どう数えるかによって10数万種類あるという人も30万種類近くあるという人もいます。

◆次は日本人に多い名字です。あなたの知り合いに何人いますか？

佐藤　鈴木　高橋　田中　伊藤　渡辺　山本　中村　小林　加藤

◆あなたの国に多い名字は何ですか。（　　　　　　　　　　）

◆日本には名字の数が多いので、珍しい名前も非常にたくさんあります。
次の名字はどう読みますか。どうしてそう読むか考えて、線で結んでみましょう。

① 月見里・　　　・にのまえ

② 一・　　　・たかなし

③ 小鳥遊・　　　・やまなし

●鷹

（4）結婚すると？

日本では夫婦同姓で、結婚するとどちらかの名字を使います。たとえば、田中健さんと鈴木みほさんが結婚した場合、田中健さんと田中みほさん、または鈴木健さんと鈴木みほさんになります。一般的には、結婚後、夫の姓を使う場合が多いです。

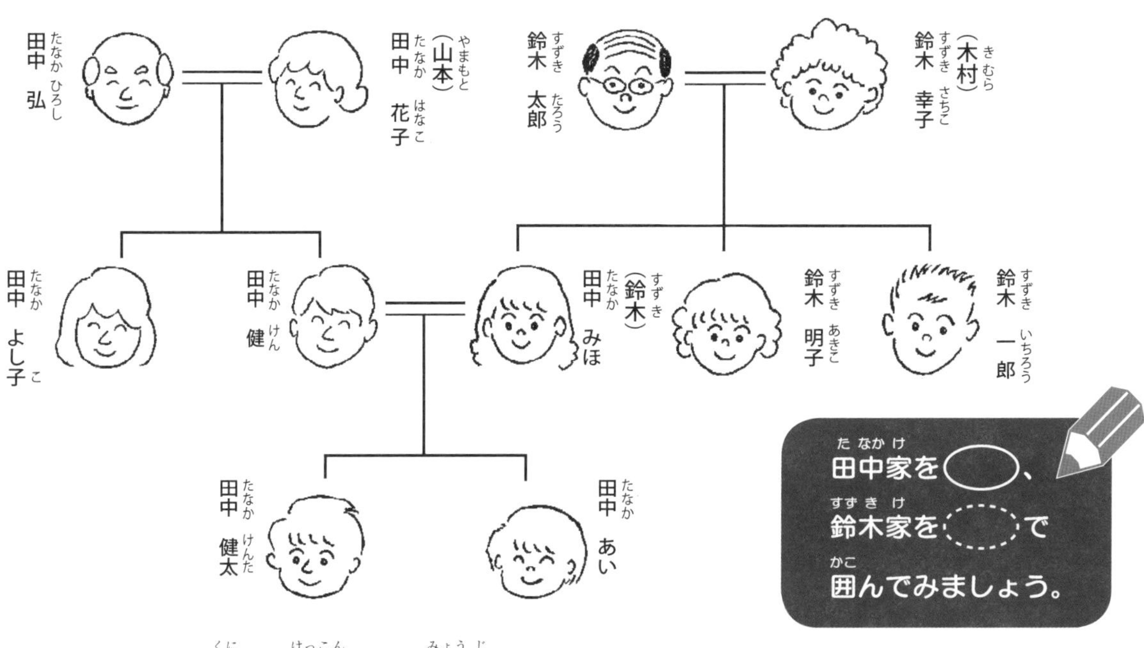

◆あなたの国では結婚すると名字はどうなりますか。

（　　　　　　　　　　　　　　　　　　　　　　　　　　　　　　）

◆日本ともあなたの国とも違う国は？　（　　　　　　　　　　　　　　　　　　）

その国では結婚すると名字はどうなりますか。

（　　　　　　　　　　　　　　　　　　　　　　　　　　　　　　）

（5）子供の名字は？

日本では夫婦同姓なので、子供はそのまま親の名字を使います。

◆あなたの国では子供はだれの名字を使いますか。

（　　　　　　　　　　　　　　　　　　　　　　　　　　　　　　）

◆日本ともあなたの国とも違う国は？　（　　　　　　　　　　　　　　　　　　）

その国では子供はだれの名字を使いますか。

（　　　　　　　　　　　　　　　　　　　　　　　　　　　　　　）

3. 名　前

（1）日本人の名前

日本では、生まれてから14日以内に出生届を出すことになっています。その時の名前は常用漢字、人名用漢字、カタカナ、ひらがなで書きます。読み方は特に制限がありません。名前は子供の両親がつけますが、祖父母や姓名判断の専門家など、ほかの名付け親がいる場合もあります。

名前には両親の願いがこめられた意味を持つものが多いですが、響き（音）や流行で選ぶ場合もあります。

◆次の名前はどんな意味があるでしょうか？　　健一　　幸子　　明美

◆あなたの名前はだれがつけましたか。　（　　　　　　　　　）

どんな意味がありますか。　（　　　　　　　　　）

（2）男の子の名前・女の子の名前

◆次の名前は男の子の名前でしょうか？女の子の名前でしょうか？

名　前	男	女
だいすけ		
つよし		
ともこ		
たろう		
りえ		

名　前	男	女
みほ		
たくや		
ひろき		
めぐみ		
ゆうた		

男の子の名前には元気で男らしい意味のものや、下に「た」、「き」、「や」、「ろう」、「すけ」、「お」、「いち」、などがつくものが多いです。また、女の子の名前には美や愛に関する意味のものや、下に「こ」、「み」、「え」などがつくものが多いです。

（3）人気のある名前の変化

時代によって人気のある名前は変化します。1970 年ごろ生まれた子供たちと 2017 年ごろ生まれた子供たちの名前を比べてみましょう。

男の子の名前	●1970 年ごろ	健一	誠	哲也
	●2017 年ごろ	悠真	蓮	大翔
女の子の名前	●1970 年ごろ	直美	智子	陽子
	●2017 年ごろ	咲良	結菜	結衣

以前は女の子の名前に「子」がつくものが多かったのですが、最近は「子」がつく名前が少なくなり、2 音の名前が多くなってきました。また、流行したドラマの主人公の名前や注目されたスポーツ選手などの名前がその年の人気ランキングに入ることもあります。

◆あなたの国に多い男の子の名前、女の子の名前は何ですか。

男の子の名前　（　　　　　　　　　　　　　　　　　　）

女の子の名前　（　　　　　　　　　　　　　　　　　　）

4．周りの人からの呼ばれ方

◆課長の鈴木さんは周りの人からどのように呼ばれているでしょうか。

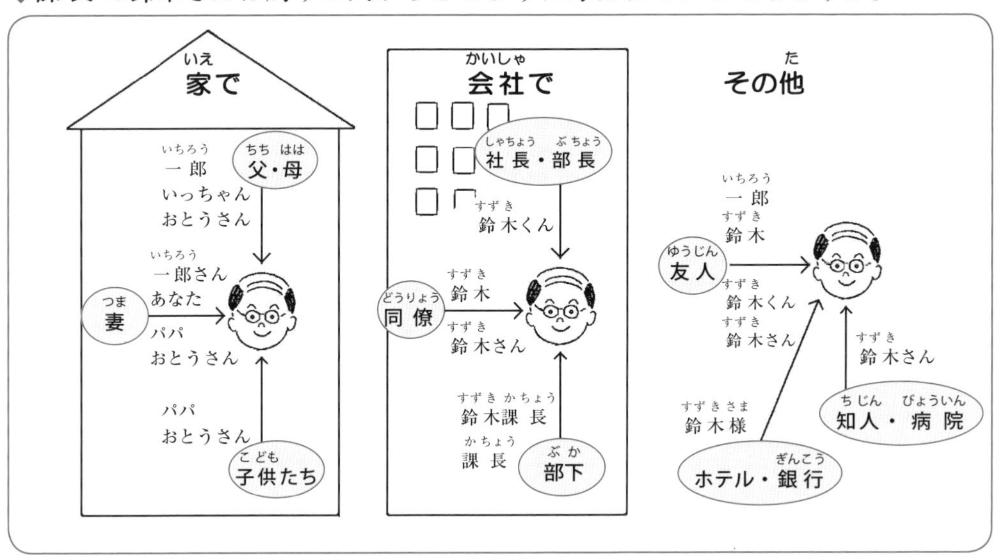

確認問題

1．（　　　）の中の正しい言葉を選びなさい。

1）日本人の名前の構造は（① 名字・名前 ）が先に来ます。

2）日本人の名字は種類が（② 少なく・多く ）、山・川などの（③ 自然・位置 ）や上・下などの（④ 自然・位置 ）を表すものが多いです。

3）（⑤ 男・女 ）の子の名前には下に「こ・み・え」などがつくものが多いです。

4）日本では、結婚すると夫婦は（⑥ 両方・どちらか ）の名字を名乗り、夫婦とその子供達はみんな（⑦ 同じ・ちがう ）名字になります。

2．日本人に多い名字にふりがなをつけなさい。

①佐藤　②鈴木　③高橋　④田中　⑤中村　⑥渡辺

発展

1．あなたの名前を漢字で書いてみましょう。（　　　　　　　　　　）

2．自分の子供にどんな名前をつけたいですか？（　　　　　　　　　　）

3．次は家族の呼び方の例です。

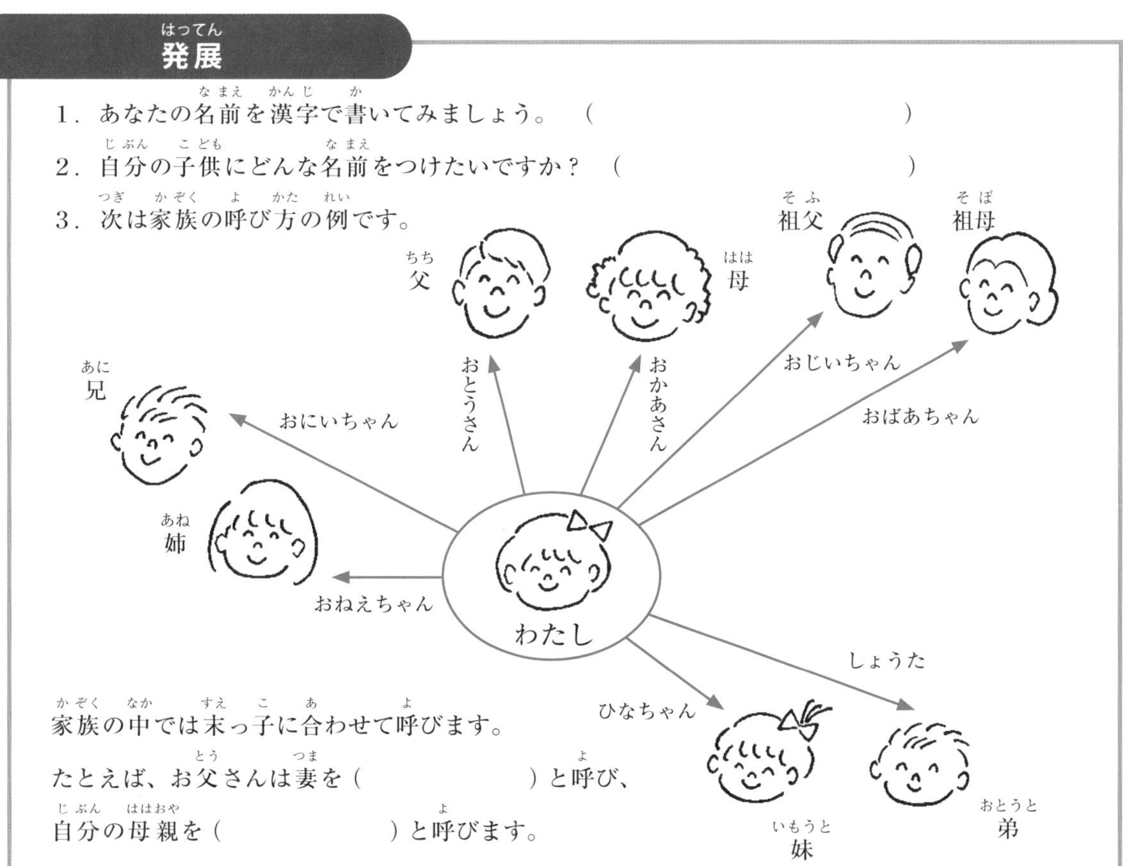

家族の中では末っ子に合わせて呼びます。

たとえば、お父さんは妻を（　　　　　　）と呼び、

自分の母親を（　　　　　　）と呼びます。

【コラム1】 季節と対策

1月	2月	3月	4月	5月	6月	7月	8月	9月	10月	11月	12月

花粉に注意

カビやダニ、食中毒に注意

インフルエンザに注意

1．冬を暖かく過ごすには？

2．インフルエンザ

（1）風邪とインフルエンザ　インフルエンザって？

風邪はのどの痛み、鼻水、くしゃみ、せきが中心です。インフルエンザはこれらに加えて、38度以上の熱が続き、頭痛、関節痛、筋肉痛など全身に症状が現れます。日本では、毎年12月下旬から3月上旬にかけて流行します。

（2）インフルエンザにかからないためには？

ワクチン接種を受けることです。流行前の12月上旬までに受けるといいでしょう。出かける時はマスクを、家へ帰ったら手洗い、うがいを忘れずにしましょう。

（3）インフルエンザにかかったら？

すぐ病院へ行きましょう。症状が出てから約1週間は外の人へうつす可能性が高いので人の多いところへは行かないようにしましょう。

3．花粉症

（1）花粉症って？

植物の花粉が原因で起こるアレルギーの病気です。スギ、ヒノキ、イネの花が原因で花粉症になる人が多いです。関西ではこれらの花が咲く2月上旬から5月上旬にかけて流行します。

（2）花粉症の症状は？

くしゃみ、鼻水、鼻づまり、目のかゆみが主です。

←（　　　　　　）

（3）花粉症を予防しよう

出かける時はマスク、サングラスをし、帽子をかぶりましょう。晴れた日の昼間は花粉がたくさん飛んでいます。なるべく窓を開けないようにしましょう。洗濯物も外に干さないようにしましょう。

↖（　　　　　　）

↖（　　　　　　）

4．梅雨

（1）梅雨って？

6月から7月にかけての雨がよく降る時期をいいます。梅雨の前半は肌寒く、雨もあまり降りません。しかし、後半は気温と湿度が高くなり、雨の量も多くなります。沖縄から始まり、関西での梅雨入りは6月中旬、梅雨明けは7月中旬です。北海道には梅雨はありません。

（2）カビやダニに注意！

温度、湿度の高い梅雨から夏にかけてはカビやダニが発生しやすくなります。カビは食中毒の原因に、ダニはアレルギーの原因にもなります。

（3）どうすればいいの？

換気が大切です。1日に1回は換気をしましょう。除湿器やエアコンを使うといいでしょう。食べ物は腐りやすくなるので冷蔵庫で保存しましょう。

3 野球と日本人

しっていますか？

1）日本のテレビではどんなスポーツ番組が見られますか。

2）野球は何人で試合をしますか。

3）日本の有名なプロ野球選手の名前を知っていますか。

4）高校生が春と夏に全国大会をする球場の名前を知っていますか。

野球ってどんなスポーツ？

野球は1チーム9人でします。二つのチームが攻撃と守備を交代でします。攻撃はボールを打って点を取る側、守備は点を取られないように守る側です。守備と攻撃をふつう9回やり、たくさん得点を取ったチームが勝ちです。

やってみよう！

（1）右の絵の①～⑨の守備のカタカナの名前を書いてみましょう。

（2）ちょっと試合の進む様子をみてみましょう。［　］の中から言葉を選んで書いてください。

11人	9人
守備	攻撃
ピッチャー	キャッチャー
キャッチャー	バッター
守備	攻撃

①1回表、守備側は（　　　）みんな出て決められた場所に立ちます。

②（　　　）側は一人ずつバッターとして打席に立ちます。

③守備側の（　　　）がバッターの方にボールを投げます。

④（　　　）はボールを打ったら一塁に向かって走ります。

⑤（　　　）の選手がボールを取って一塁に投げました。

ランナーはアウト！

⑥ 次のバッターはストライク3つで三振。2つ目の(　　　　)。

⑦ 次は大きい！大きい！(　　　　　　　)か？…ああ、残念、センターに取られてしまいました。これで3つ目のアウト。攻撃と守備が変わります。

セーフ	アウト
ホームラン	ヒット

⑧ 1回(　　)、さて相手チームはどんな攻撃をするでしょうか。

表	裏

チーム	1	2	3	4	5	6	7	8	9	計

B：○○○
S：○○
O：○○

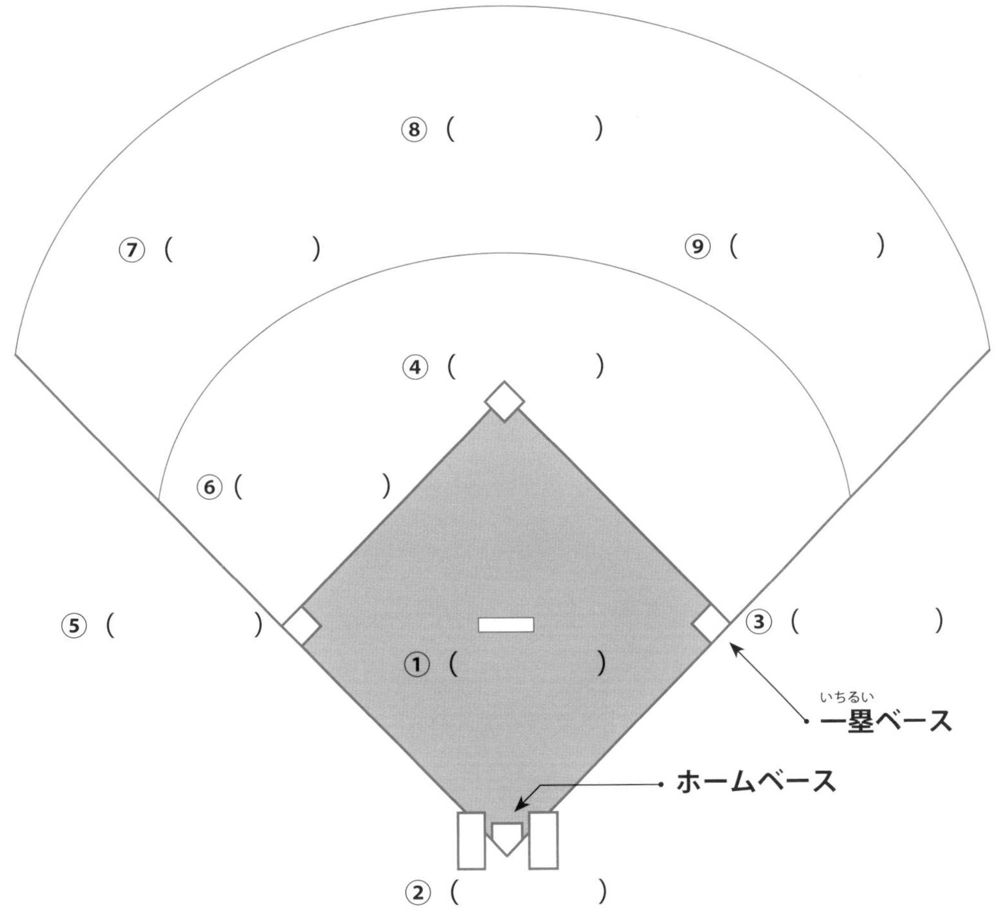

(a) セカンド　(b) センター　(c) ライト　(d) ピッチャー
(e) キャッチャー　(f) ショート　(g) ファースト　(h) サード　(i) レフト

アメリカ生まれの野球が日本の人気スポーツに

野球は（①　　　　　　　　　）で生まれたスポーツです。日本には今から約（②　　　　　　　）前、明治時代のはじめごろ紹介されました。1915年には（③　　　　　　）の全国大会が始まり、1936年に（④　　　　　　　）チームもできました。そのほか、たくさんの社会人野球のチームもあります。野球は、今ではすっかり日本の人気スポーツになっています。

150年　　高校野球　　プロ野球　　アメリカ

明治（1868年～）	大正（1912年～）	昭和（1926年～）	平成（1989年～）

- 1872年　アメリカから日本へ伝わる
- 1915年　高校野球（夏）第1回全国大会　代表10校（全国73校）
- 1936年　プロ野球スタート
- 2006年　WBC第1回
- 2018年　高校野球（夏）第100回全国大会　代表56校（全国約3781校）

日本のプロ野球

日本のプロ野球にはセ・リーグと（①　　　　　　　　）の（②　　　　　　）のリーグがあります。そしてそれぞれのリーグには6チームずつ、全部で（③　　　　　）のチームがあります。

各チームには毎年、高校野球、大学野球、そして（④　　　　　　　　）などのチームから新しい選手が入ります。また、それぞれのチームにいろいろな国から来た外国人選手もいて活躍しています。

セ・リーグ、パ・リーグともに、3月の終わりごろから公式の試合が始まります。10月半ばごろまで主にリーグ内で試合をして、各（⑤　　　　　　　）の優勝チームを決めます。そして10月の終わりごろ、それぞれの（⑥　　　　　）チームが7回対戦する日本シリーズがあります。勝ったチームがその年の日本一のチームになるのです。シーズン中、プロ野球ファンはテレビや新聞で自分の好きなチームの試合やニュースを見るのを楽しみにしています。

12　　優勝　　リーグ　　2つ　　パ・リーグ　　社会人野球

あるプロ野球ファンの一日を見てみましょう。
山田さんは阪神タイガースの大ファンです。

線でむすんでみよう！

① 阪神　・　　・　夜の試合

② ナイター　・　　・　球場の名前

③ 巨人　・　　・　負けていたチームが点を入れて勝つ

④ 逆転勝ち　・　　・　ジャイアンツ（チームの名前）

⑤ 甲子園　・　　・　タイガース（チームの名前）

野球と日本人

日本では野球は大変身近なスポーツです。プロ野球の(①　　　　　　　)には、たいてい毎晩テレビやラジオで試合の放送があります。春と夏に行われる高校生の全国野球大会も昼間テレビで見られます。また、プロ野球の（②　　　　　　）には、試合はないのですが、選手の次の年の給料がいくらぐらいになるかというニュースなどもありますから、一年中テレビの(③　　　　　　)の時間に野球の話題が出ない日はないでしょう。

野球を見て楽しむだけでなく、自分達でやって楽しむ子供や大人もたくさんいます。子供のころにプロ野球選手にあこがれてきびしい練習を続け、中には本当にプロ野球の選手になることができた人もいます。日本のチームだけでなく、アメリカの（④　　　　　　　　）で活躍する日本人選手もいます。

また、野球の世界一決定戦、(⑤　　　　　　)が、2006年から始まりました。

WBC　　シーズンオフ　　スポーツニュース　　シーズン中　　メジャーリーグ

かんがえてみよう

・日本のプロ野球選手の給料（年俸）はいくらぐらいでしょう。

・プロ野球の選手は何歳ぐらいまでできるでしょう。

・なぜ日本ではこんなに野球の人気が高いのでしょう。

確認問題

1.（　）の中に適当な言葉を下から選んで書きなさい。

1）野球は1チーム(①　　　　)で、守備と攻撃を（②　　　　）ずつやります。

2）(③　　　　　　）を3つとると、(④　　　　　）と攻撃が変わります。

3）3回の（⑤　　　　）が終わると、4回の（⑥　　　　）が始まります。

4）1年に2回、(⑦　　　　　　）球場で、高校野球の全国大会があります。

5）日本のプロ野球のチームは(⑧　　　　　　　）とパ・リーグの2リーグです。

表　　裏　　セ・リーグ　　9回　　甲子園　　9人　　アウト　　守備

発展

1．野球で使う言葉はカタカナの言葉が多いです。書いてみましょう。

英語	カタカナ	英語	カタカナ
（例）out	（例）アウト	fly	
safe		foul	
umpire		error	
game		bunt	
innings		ace	
lead		pinch-hitter	

2．ふだんの会話に、野球の言葉を使うことがあります。
下のどの言葉が入るでしょう。

会話1　A：今日も朝ねぼう？

　　　　B：えへへ、でも（①　　　　　　　　）で間に合ったよ。

会話2　A：今日の試験、どうだった？

　　　　B：だめだった。覚えたところが全然出なくて、全部（②　　　　）。

会話3　A：スピーチコンテストのクラス代表、やっぱりあなたが選ばれたわね。

　　　　おめでとう。

　　　　B：うん、でもうまくできるかなあ。

　　　　A：大丈夫、あなたなら。だってあなたはうちのクラスの

　　　　（③　　　　）なんだから。

会話4　A：あれ、今日は、田中先生はお休みですか。

　　　　B：そうです。ですから、今日は私が（④　　　　　　　　）で

　　　　授業をしますよ。

エース　　　空振り　　　ピンチヒッター　　　すべりこみセーフ

4 マンガ・アニメ

かんがえてみよう

1）あなたは、日本のマンガを読んだことがありますか。

2）あなたは、日本のアニメを見たことがありますか。

3）あなたは、どんな日本のアニメやマンガを知っていますか。

4）あなたの国では、どんな日本のアニメやマンガが人気がありますか。

1．マンガと日本人

私が初めて買ったマンガは『花より男子』だったわ。 ●30代 女性

子供が読んでいたから、おもしろそうだなと思って、私も『NARUTO』を読んでみたよ。 ●40代 男性

マンガ本は、ネットで買います。まとめて買えば送料が無料だから。ネット上の評価を見て、買いたい本を決めるの。 ●20代 女性

歴史はマンガを読んで勉強したよ！読みたくなるマンガは、ストーリーがおもしろいことと、絵が気に入るかどうかが大事なポイントかなー。 ●高校生 男の子

マンガ雑誌はね、コンビニで買うんだ。本屋より早く買えるんだよ。 ●小学生 男の子

2．マンガ大国ニッポン

日本人は、子供の頃からよくマンガを読みます。日本のマンガのジャンルは、スポーツ、学園もの、ラブストーリー、歴史、政治、社会問題など幅広く、大勢の人が読んでいます。マンガで歴史を勉強したり、マンガの伝記を読んだりすることもあります。ドラマや映画になることも多いのです。このように、日本人にとってマンガはいつも身近にあるものなのです。

マンガ雑誌は、コンビニで手軽に買えますし、書店でもさまざまな種類のマンガが売られています。コンビニ向けに簡単な体裁の安価なものが出版されたり、子供の頃に読んだ懐かしいマンガがもう一度出版されたりしています。また、仕事帰りにインターネットカフェに寄ってマンガを読む人もいます。それから、「新古書店」といって、人々が読んだばかりのマンガを買い取り、安く売る店が増えています。定価の半額以下なので、学生がよく買いに行くようです。そして、マンガをレンタルする店もあります。

スマートフォン向けの電子コミック（マンガのこと）を利用する人が増えています。試し読みをすることもでき、気軽に読めるからです。さらに、マンガ雑誌本体も配信されています。2017年、電子コミックの販売金額が紙のマンガを上回りました。電子コミックが今後の日本のマンガ市場を支えていくと考えられます。

海外でも日本のマンガは評価が高く、さまざまな国の言葉に翻訳され、出版されています。アニメになったマンガはもちろん人気がありますが、マンガそのものの魅力にひかれている人も多いようです。

日本では、マンガは一つの文化として認められており、マンガについて学べるコースを持つ専門学校や大学もあります。日本人にとってマンガは生活の一部なのです。

累計発行部数1億冊をこえた主な作品

作品	巻数
ONE PIECE（ワンピース）	1～90
美味しんぼ	1～111
こちら葛飾区亀有公園前派出所	全200巻
DRAGON BALL（ドラゴンボール）	全42巻
ジョジョの奇妙な冒険	全63巻
SLAM DUNK（スラムダンク）	全31巻
ドラえもん	全45巻
名探偵コナン	1～95
NARUTO ―ナルトー	全72巻

2019年1月 現在

マンガの読み方

マンガが書いてある小さなはこをコマといいます。右から左へ、上から下へ読みます。番号をつけてみましょう。

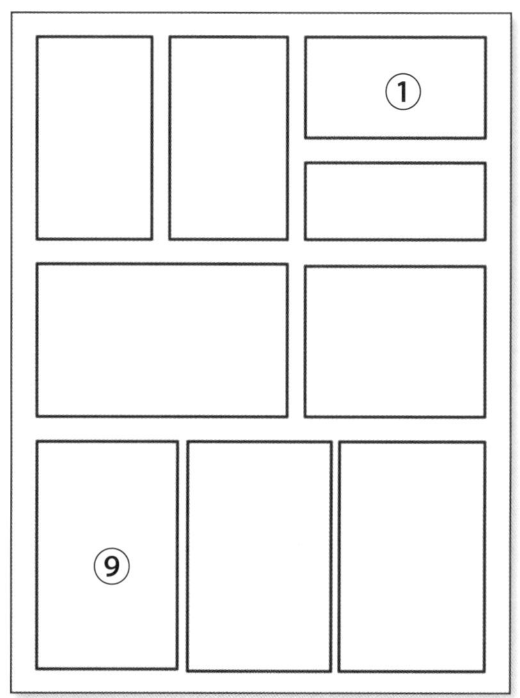

ちょっと一息

マンガは、どうやって描くのでしょうか。

マンガ家はまず、決められたページ数とテーマの中でストーリーを考えます。次にネーム（コマ割をして簡単な絵とセリフを入れたもの）を考えます。そして、下書き、ペン入れ、スクリーントーン貼りなどの作業が行われます。アシスタントを使う人やコンピューターを使う人もいます。

マンガ家になるには、マンガ家のアシスタントになって経験を積む、自分で描き続けて出版社に持ち込む、マンガコンクールに応募するなどの方法があります。絵のうまさよりも、個性が重視されます。マンガ家として自立するのは、かなり大変なことと言えるでしょう。

マンガの中の擬音語・擬態語

当てはまる言葉を選んでみましょう。

笑う

①(　　　　　　)

②(　　　　　　)

泣く

③(　　　　　　)

④(　　　　　　)

感情

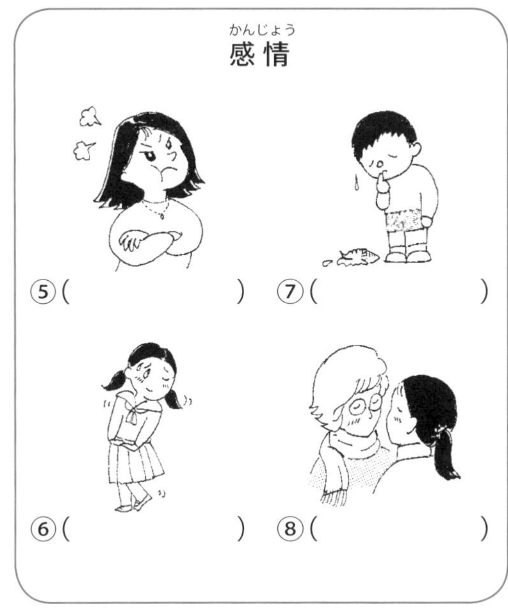

⑤(　　　　　　)　⑦(　　　　　　)

⑥(　　　　　　)　⑧(　　　　　　)

あっはっは　にこにこ

えーんえーん　ぽろぽろ

どきどき　しょんぼり　ぷんぷん　もじもじ

食べる・飲む

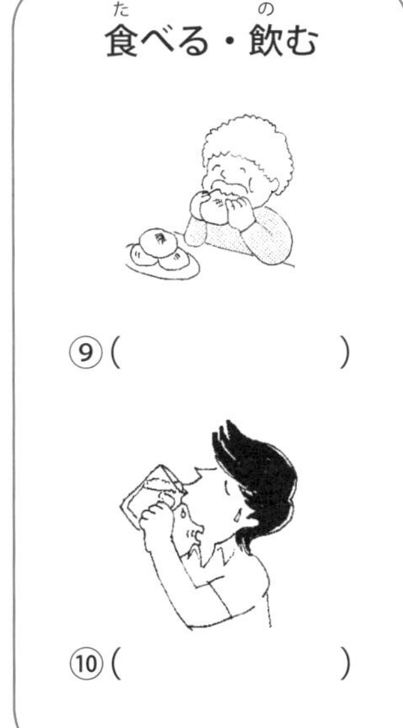

⑨(　　　　　　)

⑩(　　　　　　)

動き

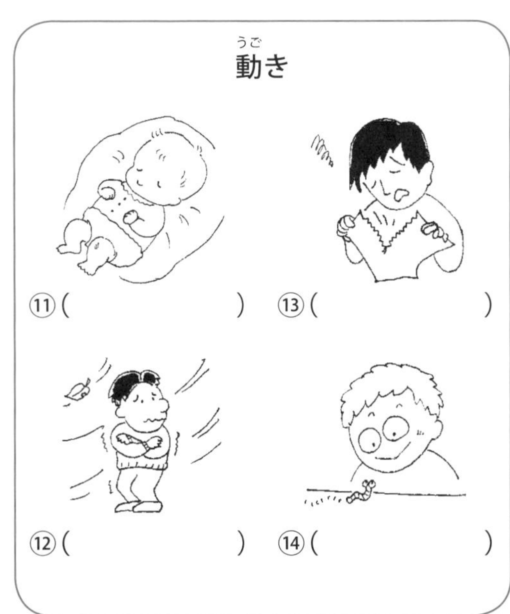

⑪(　　　　　　)　⑬(　　　　　　)

⑫(　　　　　　)　⑭(　　　　　　)

様子

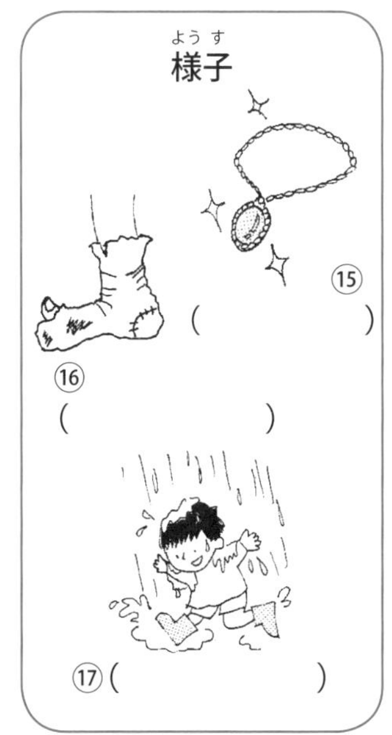

⑮(　　　　　　)

⑯(　　　　　　)

⑰(　　　　　　)

ごくごく　ぱくぱく

びりびり　ぶるぶる　じーっ　すやすや

きらきら　ぼろぼろ　びしょびしょ

3．日本のアニメ

多くのマンガがテレビアニメやアニメ映画になっています。日本のテレビアニメは1963年、手塚治虫の「鉄腕アトム」から始まりました。当時はカラーではなく、白黒でした。手塚治虫は、テレビアニメのためにさまざまな工夫を重ね、現在のアニメの基礎を作りました。

日本の代表的なマンガ、アニメのキャラクターを描いてみましょう。

①（　　　　　　　　　　）　②（　　　　　　　　　　）　③（　　　　　　　　　　）

挑戦！　アニメクイズ

●問１　世界のアニメ市場のどのぐらいが日本製アニメでしょうか。

a．約20％　　b．約40％　　c．約60％

●問２　一番有名なアニメ「ポケットモンスター（ポケモン）」は、どのぐらいの国と地域で放映されているでしょうか。

a．約60か国　　b．約80か国　　c．約100か国

●問３　日本で、子供向けアニメがよく放送されている時間帯はいつでしょう。

a．朝7時から9時まで　b．午後4時から6時まで　c．夜6時から8時まで

●問４　アカデミー賞を受賞した日本アニメは次のうちどれでしょうか。

a．「千と千尋の神隠し」　　b．「となりのトトロ」

c．「ポケットモンスター　ミュウツーの逆襲」

●問5　アニメ、マンガ、ゲーム、アイドル、この4分野の熱心なファンのことを何というでしょうか。

a．フィギュア　　b．オタク　　c．コスプレ

解答と解説

問1　c．約60%

日本製のアニメが世界で人気のある理由は、わかりやすい主人公、幅広い年齢層から支持される魅力的な世界観、新しい番組が次々と生まれ人々を飽きさせないことなどです。

問2

c．約100か国

問3　c．夜6時から8時まで

日本では、平日の6時から8時まで、週末の午前が子供向けのアニメの時間帯になっています。大人向けのアニメや、大人が子供の頃によく見た懐かしいアニメは、深夜に放送されています。ケーブルテレビにはアニメ専門チャンネルもあります。

問4　a．千と千尋の神隠し

「千と千尋の神隠し」、「ハウルの動く城」、「もののけ姫」などは、スタジオジブリの作品で、監督は宮崎駿です。宮崎氏の作品は、宮崎アニメとよばれ、子供から大人にまで親しまれています。

問5　b．オタク

マンガやアニメ、ゲームの登場人物が着ている服を、自分で作って着ることをコスプレといいます。また、フィギュアというのは、これらの登場人物そっくりの人形のことです。自分で組み立てて色を塗ることもあります。

確認問題

1．擬音語・擬態語を下から選んで、（　　）の中に番号を書きなさい。

1）今日は、佐藤さんとのデートの日です。雪子さんは、朝から（　　　）しています。

2）「ねえ、かわいいわね、この赤ちゃん。（　　　）寝ているわ。」

3）林さんは「暑いからのどがかわいたよ。」と言って、ジュースを（　　　）飲みました。

4）雪子さんは朝ごはんを少ししか食べなかったので、パンを（　　　）食べました。

5）雨が降ってきたので、かさを持って来なかった私は（　　　）に濡れました。

①すやすや　②びしょびしょ　③どきどき　④ごくごく　⑤ぱくぱく

2．（　　）の中に適当な言葉を下から選んで番号を書きなさい。

日本では、書店だけではなく（　　　）や（　　　）でもマンガ本を買うことができます。マンガは（　　　）や（　　　）になることも多いです。また、海外でも大変人気があります。日本のテレビアニメは1963年、（　　　）の（　　　）から始まりました。当時は白黒でした。現在、大変親しまれているのは（　　　）監督のアニメです。アニメを作るためには、長い時間がかかります。日本では、たくさんのテレビアニメ、アニメ映画が作られています。

①宮崎 駿　②映画　③鉄腕アトム　④コンビニ
⑤手塚治虫　⑥ドラマ　⑦インターネット

●アニメができるまで

アニメは、どのように作るのでしょうか。まず、監督が中心になって、企画を立てます。次に、その企画に沿って、脚本を書きます。その後、絵コンテを作成します。絵コンテというのは、撮影用台本のことで、ストーリー順にコマ画を並べたものです。絵コンテに合わせてカメラワークなどを考えるレイアウトを作ります。そして、原画マンと呼ばれる人たちが、原画を描きます。キャラクターの動きの基本になる絵を描きます。続いて、動画の作業です。原画と原画をつないで、動きを出します。できあがった動画をセル（透明なセルロイドの板）にうつし、色を塗ります。背景と組み合わせて撮影し、編集が行われます。セル画を使わずにコンピューターで処理するアニメもあります。最後に、音や声を録音してやっと完成します。

発展

1．なぜ、世界で日本のマンガやアニメが人気があるのでしょう。考えてみましょう。
2．あなたの好きな日本のマンガ、アニメについて調べてみましょう。
3．4コママンガを描いてみましょう。
4．マンガとそのほかのメディアの関係を見てみましょう。

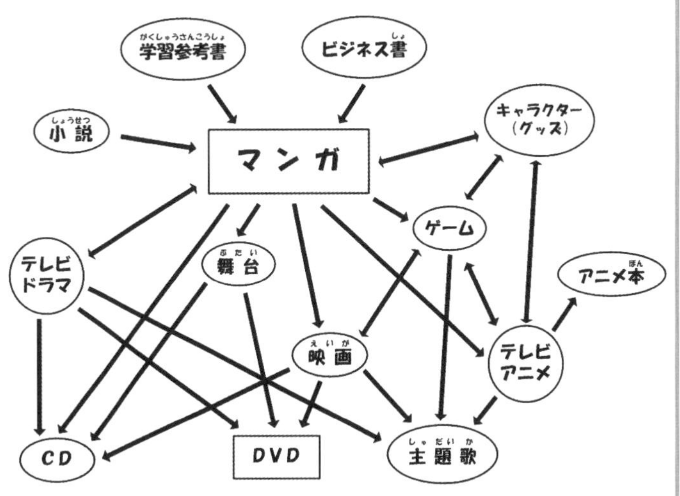

この図を見てください。マンガが、どのように他の形で利用されているかを表したものです。例えば、20ページで紹介したマンガは、すべてテレビアニメになりました。このほか、同人誌（マンガ好きの人たちが描いたものを集めて個人的に発行した作品集）即売会である「コミックマーケット」は毎年東京で行われ、世界中から多くのファンが集まります。また、「聖地巡礼」といって、マンガやアニメの舞台になった場所を実際に訪れることも盛んです。

現在、これらのことがネットを通じてつながり合い、さらにマンガやアニメの世界を奥深いものにしています。日本政府は、これらを含む日本の魅力的なコンテンツ（情報の内容）を広く海外にアピールする「クールジャパン戦略」を進めています。

【コラム2】 文化史資料

日本のサブカルチャーにはどのようなものがあったでしょうか。
時代をさかのぼって見てみましょう。　　　　　【　】内はその年の流行語

	世の中一般	文化	自分史
年 （R　）			
2017年 （H29）	トランプ大統領就任 天皇退位特例法が成立	14歳棋士、藤井聡太四段が29連勝の新記録 【インスタ映え（CanCam it girl）】 【忖度（稲本ミノル）】	
2016年 （H28）	熊本地震 英ＥＵ離脱決定	「君の名は。」（新海誠）公開 「ポケモンＧＯ」大ヒット　　星野源「恋」ヒット 【神ってる（緒方孝市、鈴木誠也・広島東洋カープ）】	
2015年 （H27）	パリ同時多発テロ 欧州難民危機	「バケモノの子」（細田守）公開 【爆買い（羅怡文）】	
2014年 （H26）	エボラ出血熱 ウクライナ危機	「アナと雪の女王」世界的に大ヒット 【ダメよ～ダメダメ（日本エレキテル連合）】	
2013年 （H25）	アルジェリア人質事件	「風立ちぬ」（宮崎駿）公開　「妖怪ウォッチ」発売 ドラマ「半沢直樹」放送 【今でしょ！（林修）、お・も・て・な・し（滝沢クリステル　2020年オリンピック東京に決定）】	
2012年 （H24）	山中伸弥教授 ノーベル生理学･医学賞受賞	東京スカイツリー完成　　Facebook株式上場 映画「テルマエ・ロマエ」公開 【ワイルドだろぉ（スギちゃん）】	
2011年 （H23）	東日本大震災 福島第一原発事故	ＡＫＢ48「フライングゲット」でレコード大賞受賞 【なでしこジャパン（サッカー日本女子代表チーム）】	
2010年 （H22）	欧州財政危機 アラブの春（～2012）	iPad日本で発売 【ゲゲゲの（武良布枝『ゲゲゲの女房』著者）】	
2009年 （H21）	衆院選で民主党圧勝 米オバマ大統領 ノーベル平和賞受賞	『１Ｑ８４』（村上春樹）ベストセラーに 「進撃の巨人」（諫山創）連載開始 【政権交代（鳩山由紀夫）】	
2008年 （H20）	米国発金融危機拡大 中国四川大地震	「崖の上のポニョ」（宮崎駿）公開　　嵐人気 iPhone ３Ｇ発売 【アラフォー（天海祐希）】	

	世の中一般	文化	自分史
2007年 (H19)	年金記録不備問題	「千の風になって」(秋川雅史)大ヒット 【(宮崎を)どげんかせんといかん(東国原　英夫)】	
2006年 (H18)	北朝鮮が地下核実験	アニメ「銀魂」放送開始　「Wii」発売 【イナバウアー(荒川静香)、品格(藤原正彦)】	
2005年 (H17)	愛・地球博(愛知県)開催 アスベスト被害	マンガ『NANA』(矢沢あい)映画化 【小泉劇場(武部勤)、想定内(外)(堀江貴文)】	
2004年 (H16)	自衛隊イラク派遣開始 新潟県中越地震 鳥インフルエンザ	「冬のソナタ」爆発的ヒットで韓流ブーム 「ハウルの動く城」(宮崎駿)公開 【チョー気持ちいい(北島康介)】	
2003年 (H15)	米英、イラク攻撃 SARS発生	「世界にひとつだけの花」(SMAP)大ヒット 「千と千尋の神隠し」(宮崎駿)アカデミー賞受賞 【なんでだろ～(テツ and トモ)】	
2002年 (H14)	日韓共催 ワールドカップ開催	「千と千尋の神隠し」(宮崎駿)ベルリン国際映画祭グランプリ受賞 アニメ「NARUTO ーナルトー」放送開始 【タマちゃん(アザラシ)】	
2001年 (H13)	9・11同時多発テロ発生	東京ディズニーシーオープン　USJオープン マンガ「鋼の錬金術師」(荒川弘)連載開始 『ハリー・ポッター』シリーズ日本でもブーム 【小泉語録(小泉純一郎)】	
2000年 (H12)	プーチン、 ロシア第2代大統領就任	「プレイステーション2」発売 アニメ「犬夜叉」放送開始　キムタク人気 UNIQLO　フリースで大ブレイク 【おっはー(慎吾ママ)、IT革命(木下斉)】	
1999年 (H11)	ユーロ始動	宇多田ヒカルデビュー　モーニング娘。ブーム 電子ペットブーム(ファービー、AIBO) マンガ「20世紀少年」(浦沢直樹)連載開始 【リベンジ(松坂大輔が敗戦後に)】	
1998年 (H10)	長野冬季オリンピック	「GTO」放送　ルーズソックスブーム 【ハマの大魔神(佐々木主浩)】	
1997年 (H9)	香港返還	たまごっちブーム「ポケットモンスター」放送開始「HANA-BI」(北野武)ヴェネツイア国際映画祭グランプリ受賞 「もののけ姫」(宮崎駿)公開 マンガ「ONE　PIECE」(尾田栄一郎)連載開始 【失楽園(する)(渡辺淳一の小説)】	

	世の中一般	文化	自分史
1996年 (H8)	薬害エイズ事件	アニメ「名探偵コナン」放送開始 インターネット一般化 【自分で自分をほめたい（有森裕子）】	
1995年 (H7)	阪神淡路大震災 地下鉄サリン事件	マイクロソフト「ウィンドウズ'95」発売 日本語ラップ流行 アニメ「新世紀エヴァンゲリオン」放送開始 【無党派（青島幸男）】	
1994年 (H6)	関西国際空港開港 大江健三郎ノーベル文学賞受賞	マンガ「るろうに剣心」連載開始 マンガ「新世紀エヴァンゲリオン」（貞本義行）連載開始 【同情するなら金をくれ！（ドラマ「家なき子」）】	
1993年 (H5)	皇太子様、雅子様結婚 ＥＵ発足	アニメ「クレヨンしんちゃん」放送開始 「忍たま乱太郎」放送開始　Ｊリーグ開幕【Ｊリーグ】	
1992年 (H4)	PKO協力法成立	アニメ「美少女戦士セーラームーン」放送開始 アニメ「幽☆遊☆白書」放送開始 マンガ「花より男子」（神尾葉子）連載開始 尾崎豊死去　「紅の豚」（宮崎駿）公開 【うれしいような、かなしいような（きんさん、ぎんさん）】	
1991年 (H3)	バブル経済崩壊 湾岸戦争	「愛は勝つ」（KAN）ヒット ドラマ「東京ラブストーリー」放送 【･･･じゃあ～りませんか（チャーリー浜）】	
1990年 (H2)	東西ドイツ統一	アニメ「ちびまる子ちゃん」放送開始 主題歌「おどるポンポコリン」もヒット 「スラムダンク」（井上雄彦）連載開始 【ちびまる子ちゃん（現象）】	
1989年 (H1)	時代が平成に　消費税導入 ベルリンの壁崩壊	「テトリス」発売　ゲームボーイ発売　カラオケボックス登場 【オバタリアン（堀田かつひこ・土井たか子）】	
(S64)	昭和天皇崩御		
1988年 (S63)	青函トンネル開通 リクルート事件	「ドラゴンクエストⅢ」発売　「となりのトトロ」（宮崎駿）公開 『キッチン』（吉本ばなな）ベストセラーに 【今宵はここまでに（いたしとうござりまする）（若尾文子）】	
1987年 (S62)	携帯電話登場 ＮＹブラックマンデー	光GENJIブーム 『ノルウェイの森』（村上春樹）、『サラダ記念日』（俵万智）ベストセラーに 【懲りない○○（安部譲二）】	
1986年 (S61)	チェルノブイリ原発事故	アニメ「ドラゴンボール」放送開始　「天空の城ラピュタ」（宮崎駿）公開 マンガ「聖闘士聖矢」（車田正美）連載開始 【新人類（新しい価値観で行動する若者）】	

	世の中一般	文化
1985年 (S60)	科学万博つくば博開催 ゴルバチョフ、ソ連共産党書記長に　ペレストロイカ	「夕やけニャンニャン」放送開始　『週刊少年ジャンプ』400万部突破 マンガ「シティハンター」(北条司)連載開始　スーパーマリオ発売 【イッキ！イッキ！(慶應義塾大学体育会)】
1984年 (S59)	グリコ森永事件	「風の谷のナウシカ」(宮崎駿)公開 【まるきん　まるび(渡辺和博)】
1983年 (S58)	大韓航空機撃墜事件	東京ディズニーランドオープン　ドラマ「おしん」放送 アニメ「キャプテン翼」放送開始　ファミコンブーム マンガ「北斗の拳」(武論尊・原哲夫)連載開始 マンガ「美味しんぼ」(雁屋哲・花咲アキラ)連載開始　【おしんドローム】
1981年 (S56)	中国残留日本人孤児初来日	アニメ「Ｄｒスランプ　アラレちゃん」放送開始　漫才ブーム 【粗大ゴミ(定年後の夫)】
1980年 (S55)	ソ連アフガニスタン侵攻	山口百恵引退、松田聖子デビュー　ドラマ「３年Ｂ組金八先生」放送 【カラスの勝手でしょ(ドリフ志村けん)】　ホームラン王王貞治引退
1979年 (S54)	東京サミット イラン革命	アニメ「ドラえもん」「機動戦士ガンダム」放送開始 インベーダーゲーム大ブーム　ウォークマン発売
1976年 (S51)	ロッキード事件	マンガ「ガラスの仮面」(美内すずえ)連載開始 マンガ「こちら葛飾区亀有公園前派出所」(秋本治)連載開始 巨人王貞治通算715号ホームラン　ピンクレディーデビュー
1975年 (S50)	国際婦人年世界会議 ベトナム戦争終結	マンガ「キャンディ・キャンディ」(水木杏子・いがらしゆみこ)連載開始
1974年 (S49)	超能力、オカルトブーム	マンガ『ベルサイユのばら』宝塚歌劇で初演 ハローキティ誕生
1972年 (S47)	札幌冬季オリンピック	【日本列島改造論(田中角栄)】
1970年 (S45)	大阪万国博開催　安保闘争	【ウーマン・リブ】
1969年 (S44)	アポロ11号 人類初の月面着陸	「８時だョ！全員集合」放送開始　アニメ「サザエさん」放送開始 【オー！モーレツ！】
1968年 (S43)	川端康成 ノーベル文学賞受賞	アニメ「巨人の星」放送開始 マンガ「あしたのジョー」(高森朝雄・ちばてつや)連載開始　【全共闘】
1964年 (S39)	東京オリンピック	人形劇「ひょっこりひょうたん島」放送開始
1963年 (S38)	自動車ローン実施(トヨタ) ケネディ米大統領暗殺	アニメ「鉄腕アトム」、「鉄人28号」放送開始

5 いろいろな言葉づかい

かんがえてみよう

1）あなたはだれと話す時、敬語を使いますか。

2）敬語で困ったことがありますか。

3）「休ませていただきたいのですが。」休むのはだれですか。

4）敬語をよく使う仕事に何がありますか。

5）えんぴつを借りたい時は何と言って頼みますか。

1．待遇表現とは

日本語は話す相手によって言葉づかいが変わります。敬語は、どんな関係の人と話す時に使うでしょうか。

（①　　　　　　　）、（②　　　　　　　）、（③　　　　　　　）と話す時。

2．留学生のサクラさんは敬語が苦手です。どこがまちがっていますか。

① 先生、わたしの志望理由書見てもいいですか。

② 先生、この鉛筆貸してもいいですか。鉛筆忘れたんです。

③ 先生、今、お暇ですか。質問があります。

④ 私のお父さんは、国で銀行に勤めていらっしゃいます。

⑤一緒にカラオケに行かない？
行きたくない。カラオケ嫌いだから。
友達
⑥一緒に昼ご飯を食べませんか。
いいよ。
先生
⑦（事務所で）奨学金をもらいたいけど、どうしたらいい？
⑧どうして遅刻したんですか。
先生、頭が痛かった。しょうがないよ。
先生
⑨（授業の後）先生、お疲れ様でした。
⑩私、熱があるみたい。
どうぞ早くお帰りください。
先輩

3．同じ場面でも話す相手によって変化する言葉遣い

同じ場面でも話す相手によって言葉遣いが変わります。だれに話していますか。

(1) 相手から鉛筆を借りたい時

①「鉛筆、貸して。」　（先生　・　友達）

②「鉛筆、貸してくれる？」　（先生　・　友達）

③「鉛筆を貸してください。」　（先生　・　友達）

④「鉛筆を貸してもらえませんか。」　（先生　・　友達）

⑤「鉛筆を貸していただけませんか。」　（先生　・　友達）

相手によって、正しく使い分けられる人が日本語の達人です。

(2) 話しかける時

①「今、ちょっといい？　時間ある？」　（先生　・　友達）

②「今、ちょっとよろしいですか。」　（先生　・　友達）

4．だれがしますか

(1) ～てもいいですか　／　～ていただけませんか　／　～させていただけませんか

◆だれが窓を開けますか。

①（わたし・先生）　「先生、窓を開けてもいいですか。」

②（わたし・先生）　「先生、窓を開けていただけませんか。」

③（わたし・先生）　「先生、窓を開けさせていただけませんか。」

相手にしてもらう時は、「～ていただけませんか」を使います。

(2) 借りる・貸す

◆ボールペンを先生に借りようと思います。正しい言い方はどれですか。

○をつけなさい。

①（　　　　）　「先生、ボールペンを貸してください。」

②（　　　　）　「先生、このボールペンを借りてください。」

③（　　　　）　「先生、このボールペンを貸してもいいですか。」

④（　　　　）　「先生、このボールペンを借りてもいいですか。」

⑤（　　　　）　「先生、このボールペンを貸していただけませんか。」

⑥（　　　　）　「先生、このボールペンを借りていただけませんか。」

5．ウチとソト

目上の人でも相手より自分と近い人（両親、祖父母、会社の上司など）について話す時は、謙譲語を使います。尊敬語は使いません。また、年下であっても相手側の人について話す時は尊敬語を使います。正しいものはどちらですか。○をつけなさい。

ウチ	ソト
わたし	相手
わたしの家族	相手の家族
わたしの友達	相手の友達
わたしの会社	相手の会社

(1) 面接で

①（　　　　）学生「祖父は旅行会社を経営しております。」

②（　　　　）学生「祖父は旅行会社を経営していらっしゃいます。」

(2) 仕事で

取引先の人「小川部長いらっしゃいますか。」

①（　　）社員「小川はただ今席をはずしております。」

②（　　）社員「小川部長は今いらっしゃいません。」

(3) 知り合いの人と

①（　　）学生「佐藤さん、息子さんは何かスポーツをされているんですか。」

②（　　）学生「佐藤さん、息子さんは何かスポーツをしているんですか。」

6．誘いを受ける、断る

誘われた時、どのように答えればいいでしょうか。断る時はまず謝ることが大切です。

◆先生に誘われた時

先生「一緒に昼ご飯を食べませんか。」

①（　　　　）学生「いいよ。」

②（　　　　）学生「はい、ありがとうございます。」

③（　　　　）学生「申し訳ありません。今日はちょっと……。また、今度ぜひ誘ってください。」

④（　　　　）学生「今日は忙しいから行きません。」

◆友達に誘われた時

友達「一緒にホラー映画を見に行かない？」

①（　　　　）学生「うん。行く。行く。いつ？」

②（　　　　）学生「行きたくない。ホラー映画は嫌いだから。」

③（　　　　）学生「ごめんね。最近宿題が多くて。また、今度誘ってね。」

7．丁寧な聞き方

◆事務所で奨学金について聞いてみましょう。どれがいいでしょうか。

①（　　　　）学生「奨学金をもらいたいけど、どうしたらいい？」

②（　　　　）学生「奨学金のことについておうかがいしたいんですが。」

③（　　　　）学生「奨学金の申し込みをしたいのですが、どうしたらいいですか？」

8．謝る

何か失敗をした時、約束を守れなかった時はまず謝ります。理由を言うのはその後です。どちらがいいですか。

◆先生「どうして宿題を忘れたんですか。」

①（　　　　）学生「先生、昨日頭が痛かったんです。しょうがないですよ。」

②（　　　　）学生「すみません。実は昨日頭が痛くなったんです。」

9．目上の人への慰労

自分が目上の人に何かしてもらった時（授業の後、作文を見てもらった後など）は、お礼を言います。その時には「ご苦労様」や「お疲れ様」などの慰労の言葉は使いません。ただし、自分がしてもらったことではない時には、慰労の言葉を使ってもかまいません。

◆先生「はい、これで授業を終わります。」

①（　　　　）学生「先生、ありがとうございました。」

②（　　　　）学生「先生、お疲れ様でした。」

10．目上の人への助言、アドバイス

目上の人に助言やアドバイスはあまりしません。もし、する時は、命令口調にならないように気をつけます。どれがいいでしょうか。

◆先輩「私、熱があるみたい。」

①（　　　　）後輩「どうぞ早くお帰りください。」

②（　　　　）後輩「早く帰ったほうがいいですよ。」

③（　　　　）後輩「大丈夫ですか。薬を買って来ましょうか。」

確認問題

1．次のうちから一つ選んで会話を考えましょう。

1）専門学校の入試課に電話をかけて願書の取り寄せ方、書き方、出願の方法について聞いてみましょう。

A：学生　　B：入試課の人

2）先生に相談したいことがあるので時間を作ってもらえるように頼んでください。

A：学生　　B：先生

3）日本人の友達を自分のうちに招待してください。

A：学生　　B：日本人の友達

4）先生にごちそうしてもらいました。次に先生に会った時どう言いますか。

A：学生　　B：先生

A：(　　　　　　　　　　　　　　　　　　　　　　　　　　　　)

B：(　　　　　　　　　　　　　　　　　　　　　　　　　　　　)

A：(　　　　　　　　　　　　　　　　　　　　　　　　　　　　)

B：(　　　　　　　　　　　　　　　　　　　　　　　　　　　　)

A：(　　　　　　　　　　　　　　　　　　　　　　　　　　　　)

B：(　　　　　　　　　　　　　　　　　　　　　　　　　　　　)

A：(　　　　　　　　　　　　　　　　　　　　　　　　　　　　)

B：(　　　　　　　　　　　　　　　　　　　　　　　　　　　　)

発展　解決！　敬語の悩み

【悩み1】　**とても親しいホストファミリーなら、友達と話すようなくだけた話し方をしてもいいですか？**

日本語が少し上手になって、友達と常体で話すことができるようになると、誰に対しても丁寧語や敬語を使わずに話す人がいます。そんな話し方が日本語が上手になったしるしだと思う人が多いようです。ところが、目上の人に対してそんな話し方をすると、「日本語が上手」どころか、**とても失礼な人**と思われて、人間関係がこわれてしまうことも多いのです。発音が上手で、文法の間違いがない人ほど、相手に誤解されてしまいます。

【悩み2】　**バイトのリーダーに「ごめんな」などのくだけた言葉で話してもいいですか？**

あまり年が違わない大学の先輩、バイト先の同僚でも年上なら目上の人です。年が近い、親しいと感じている人には敬語は使わなくてもいいですが、「です、ます」を使って話してください。

【悩み3】　**店員さんに敬語で話しかけられたとき、どのように返事をしますか？**
不動産屋で質問されたことに、「ない」と返事をしてもいいですか？

逆に、お店の人に敬語を使ってとても丁寧に話しかけられた時、あなたはお客さんですから、同じような丁寧さで話す必要はありません。「です、ます」で普通に話すのがいいでしょう。お客さんですからそんなに丁寧に話さなくてもいいとも言えますが、「です、ます」を使わずに、あまり短い言い方で話すと、びっくりされることがありますから、注意しましょう。

【悩み4】 先生に「お疲れ様」は失礼ですか？

目上の人に、何かしてもらった時、例えば授業の後など先生に「お疲れ様」と言ってはいけません。「ありがとうございました」と言ってください。「お疲れ様」は同輩か、目下の人を丁寧にねぎらう時に使います。しかし、自分がしてもらったのではない場合、例えば、目上の人が仕事の外出から帰ってきた時や、いっしょに同じ仕事をしていた人が帰る時、「お疲れ様でした」と言ってもかまいません。

【悩み5】 目上の人に大阪弁などの土地の方言を使ってもいいですか？

大阪弁などのその土地の方言は、親しい友達に使ってください。それ以外の相手にはなれなれしすぎる感じを与えて、かえって人間関係が悪くなることがあるからです。

【悩み6】 卒業したら、先生を「〜さん」と言ってもいいですか？

会社によっては、上司を呼ぶ時に「○○課長」、「課長」という肩書は使わずに、「○○さん」と言うことになっているところがあります。ですから、卒業してから先生に会った時、「○○先生」と言わずに「○○さん」と言う人がいます。しかし、学校に通っていた時に先生のことを「○○さん」と言っていなかったのと同じように、卒業しても、先生に対しては「○○先生」と言わなければなりません。「○○さん」と呼ぶことはありません。

【先生から一言】

敬語の難しさは、相手と同じ言葉づかいでは間違いになるというところです。あまりよく知らない大人同士の場合は、二人の言葉づかいの丁寧さは同じですが、それ以外は、一方が丁寧に話せば、もう一方はそれほど丁寧に話す必要はない関係です。ですから、日本人の話し方をまねるのは大切ですが、目上の人が普通にあなたに対して話す話し方は目下の人に対する話し方です。それを、そのまま目上の人に対して使っては大変失礼になるということがわかると思います。

【コラム3】 マナー・習慣・ルール

「郷に入っては郷に従え」ということわざを知っていますか。「違うところに行ったら、その場所の習慣に慣れろ」という意味です。みなさんは、日本のマナーや習慣やルールをどれぐらい知っていますか。次のことはしてもいいですか、だめですか。まず、あなたがどう思うかチェックして、日本人や友だちと話してみましょう。

●日常生活・日本人とのコミュニケーション編

		○	△	×
1	約束の時間になって「今日は行けません」と言う。			
2	招待されたところへ友達も連れて行く。			
3	家に招待されて、約束の 30 分前に行く。			
4	家を訪ねた時、すぐ手みやげ（プレゼント）を渡す。			
5	お給料などお金のことを話題にする。			
6	紹介してもらったものを「よくなかった」と言う。			
7	そばやうどんを食べる時、音をたてて食べる。			
8	食事の時に料理を残す。			
9	温泉やお風呂屋さんでタオルを体に巻いてお風呂に入る。			
10	電車の中で、携帯電話でメールをする。			
11	自転車の後ろに友達を乗せてあげる。			
12	公園の桜を 2、3 本切って部屋に飾る。			
13	家の前に何日も置いてある古い自転車をきれいにして乗る。			
14	テレビや音楽は、昼は大きい音で夜は小さい音で聞く。			
15	壊れたテレビを燃えないゴミの日に出す。			

●学校生活のルール編

あなたの国と日本では学校のルールに違いがありますか。

		○	△	×
1	授業中に静かにメールを打つ。			
2	授業中、机の上にジュースをおく。			
3	ガムをかみながら授業を受ける。			
4	授業中、トイレへ行く。			
5	帽子をかぶって授業を受ける。			
6	友達に宿題を見せてあげる。			
7	提出物の期限が遅れたので出さない。			
8	授業に遅れたので、次の授業まで教室の外で待つ。			
9	教室のコンセントで携帯電話の充電をする。			
10	学校のかばんにくだものナイフを入れておく。			
11	学校を休む時、先生にメールで連絡する。			
12	テスト中、となりの人にけしゴムを借りる。			
13	教員室で書類を書くために、先生のボールペンを借りる。			
14	教員室で携帯が鳴ったので、電話に出る。			
15	定期券を友達に貸してあげる。			

◆ディスカッション

1）「郷に入っては郷に従え」のほかに、「旅の恥はかきすて」ということわざもあります。外国で生活する留学生はどのようにふるまうべきでしょうか。

2）「外国人だから、しかたがない」と考えて、留学生のマナー違反を大目に見る日本人もいます。それは留学生にとって、得ですか、損ですか。

6 日本人の一生

しっていますか？

1）日本人の名前はいつ、だれがつけますか。

2）「端午の節句（こどもの日）」は男の子のお祭りですか、女の子のお祭りですか。

3）日本で「大人」と言われるのは何歳からですか。

4）日本人の結婚式に招待されたらどんなものを持って行きますか。

5）日本人はふつう何歳ぐらいで退職しますか。

6）お葬式にはどんな服を着て行きますか。

1．お七夜

赤ちゃんが生まれて7日目に名前をつけ、お祝いをします。

2．お宮参り

生まれてから約1か月後に家族そろって神社にお参りに行きます。ふつう、男の子は30日目、女の子は31日目と言われています。赤ちゃんはきれいな服を着て、おばあさん（お父さんのお母さん）に抱かれて、神主さんにおはらいをしてもらいます。

●お宮参り

3．お食い初め

生まれて100日目に初めてご飯を食べさせます。一生食べ物に困らないようにとお願いします。

4．初節句

初めて迎える節句のことで、女の子は3月3日（ひな祭り）、男の子は5月5日（端午の節句）です。女の子は雛人形、男の子は武者人形やこいのぼりなどを飾り、元気に大きくなるようにとお祝いをします。これらの人形はふつう母親の実家から贈られます。

●ひな祭り　●端午の節句

5．初誕生

初めての誕生日のお祝いです。昔はおもちをついて、健康に育つようにお祝いをしました。また、赤ちゃんに大きいおもちを背負わせたり、足でふませたりして強い子になるようにお願いしました。このごろは赤飯や誕生ケーキを食べてお祝いすることが多いです。

6．七五三

11月15日に子供の成長を祈って行う行事です。日本では奇数はめでたい数とされてきたため、男の子は3歳と5歳、女の子は3歳と7歳を祝います。この日、子供たちは晴れ着を着て両親と一緒に神社にお参りします。また、七五三の日には千歳飴という細長い飴を食べます。飴は引っ張ると伸びることから寿命が延びると考えられているからです。

●七五三　男の子　●七五三　女の子

7．成人式（はたちの集い）

日本では明治以来大人と認められる年齢は二十歳でしたが、2018年の民法改正によって2022年4月より十八歳からが成人になりました。しかし十八歳の多くは、高校生であるため受験や就職準備で忙しいので、「はたちの集い」という名前で1月の第2月曜日の「成人の日」に式典を行っている自治体が多いです。その日は国民の祝日です。二十歳になった人のところへは各市町村から式典への招待のはがきが届きます。女の人は振袖という着物、男の人はスーツを着る人が多いです。

◆何歳でできますか

	日本	自分の国 （　　　）	友達の国 （　　　）
原付の免許	歳	歳	歳
車の免許			
結婚：男			
：女			
お酒			
たばこ			
選挙権			
被選挙権			

8．結婚式

日本では18歳から結婚できます。結婚する時には婚姻届という紙を役所に出します。結婚式の種類には、神前・キリスト教式・仏前・人前などいろいろあります。結婚式の後、披露宴といって親戚や友達を招待して結婚したことをみんなに知らせるお祝いのパーティーをします。

かんがえてみよう

お祝いのお金は友達なら（　　　　）円ぐらい、特に親しい友達ならもう少したくさん入れることもあります。親戚なら2～5万円ぐらい、兄弟なら5万円ぐらいです。

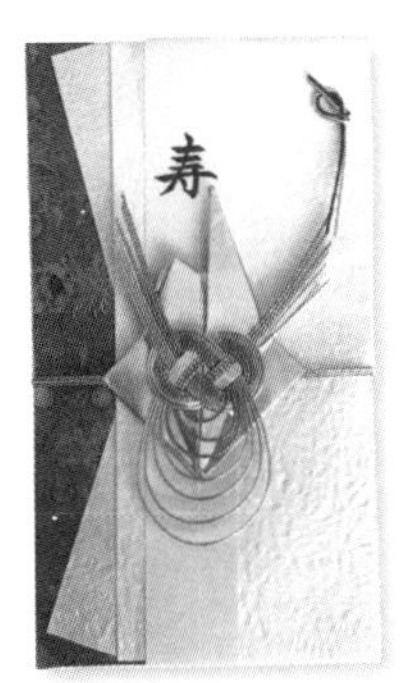

●のし袋

◆いつ渡しますか？

a：結婚式の前の日　b：結婚式の日　c：結婚式の次の日

◆どんなお札を入れますか？

a：新しいお札　b：とても古いお札　c：何でもいい

お金ではなく、新生活に必要になるようなものを送ることもあります。

9．厄年

厄年というのはよくないことが起こりやすいと考えられている年のことです。数え年で男性は25歳、42歳、女性は19歳、33歳です。特に男性の42歳、女性の33歳は大厄といって、気をつけなければならない年です。これは男の人も女の人も仕事や体の状態に問題が起きやすい時期なので気をつけなさいという注意信号の意味があります。自分の健康をチェックしたり、1年の始めに神社やお寺へ厄を払いに行ったりします。

10．還暦・長寿のお祝い

還暦というのは60歳の誕生日のことです。60歳の誕生日は新しいサイクルが始まる日と考えられ、人々は大きなお祝いをします。還暦にはもう1度赤ちゃんに戻るという意味で赤いちゃんちゃんこや赤い座布団など何か赤いものをプレゼントします。

●長寿のお祝い

古希（70歳）　喜寿（77歳）　傘寿（80歳）
米寿（88歳）　卒寿（90歳）　白寿（99歳）

11. 葬式

最近は、無宗教の人も増えてきましたが、一般的にはお寺や、葬祭場で仏式で行われます。まず、通夜を行い、その翌日、告別式をして亡くなった人にお別れをします。お葬式には喪服と呼ばれる黒い服を着て行きます。また、昔はお香を持って参列していましたが、今はお香の代わりにお香典を持って行きます。

かんがえてみよう

お香典は付き合いの長いよく知っている人なら（　　　　　）円ぐらい、あまり親しくない人なら（　　　　　）円ぐらいです。

●のし袋

12. 法事

仏教の習慣で、亡くなった日（命日）に近い日曜日か祭日に家やお寺に家族や親戚が集まり、お坊さんにお経を詠んでもらいます。そのあと一緒に食事をしながらいろいろの思い出を語り合い、いつまでも亡くなった人を大切にします。

初七日　⇒　35日目（五七忌）　⇒　49日目（四十九日）　⇒　納骨　⇒
1年目（1周忌・1回忌）　⇒　2年目（3回忌）　⇒　6年目（7回忌）　⇒
12年目（13回忌）　⇒　32年目（33回忌）

13. 日本人の宗教観

日本の宗教は神道と仏教と民間信仰の3つが千年以上続いてきました。そのひとつひとつは重なっていて、人々の間でこの3つをはっきりと分けることは難しいのです。結婚式はキリスト教式で、お葬式は仏式で、などという人もたくさんいます。

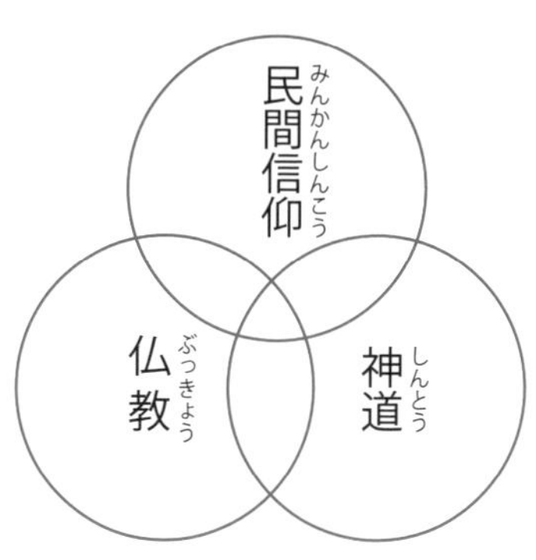

確認問題

行事名	年齢	内容
お七夜	生まれて（① 日目）	名前をつける。
（② ）	男の子：30日目 女の子：31日目	神社にお参りに行く。
お食い初め	生まれて（③ ）日目	赤ちゃんに初めてご飯を食べさせる。
初節句	0歳	生まれて初めての節句。 男の子（④ ） 女の子（⑤ ）
初誕生	1歳	初めての誕生日を祝う。
七五三	男の子：3歳・（⑥ ）歳 女の子：（⑦ ）歳・（⑧ ）歳	11月15日に神社にお参りをする。 （⑨ ）を食べて長寿を祈る。
（⑩ ）	20歳	1月の第2月曜日。
結婚式	男性：（⑪ ）歳以上 女性：（⑫ ）歳以上	招待された人は（⑬ ）にお祝いのお金を入れて持って行く。
（⑭ ）	男性：25歳・42歳 女性：19歳・33歳	よくないことが起こりやすいと考えられている年。
還暦	（⑮ ）歳	何か赤いものをプレゼントする。

（⑯ ）：（⑰ ）と呼ばれる黒い服を着て（⑱ ）を持って行く。

（⑲ ）：仏教の習慣で、家族や親戚が集まり、お坊さんにお経を詠んでもらう。

3	5	7	16	18	60	100
成人式	お宮参り	葬式	法事	厄年	千歳飴	
のし袋	端午の節句	ひな祭り	仏教	喪服	お香典	

7 年賀状・手紙・Eメール

かんがえてみよう

1）日本人に手紙を書いたことがありますか。

2）日本人は季節のあいさつをいつ送りますか。

3）季節のあいさつの言葉を知っていますか。

4） 住所や名前の書き方はあなたの国の書き方と同じでしょうか。

5）日本語でEメールを書いたことがありますか。

1. 年賀状

年賀状は一年の始めのあいさつ状です。新しい年を祝ってあいさつをし、親しい人々の幸せを祈るために送ります。日本人にとってお正月は一年で一番大切な行事ですから、年賀状は特に喜ばれます。普段はあまり連絡しない人とも近況を知らせ合えるいい機会です。

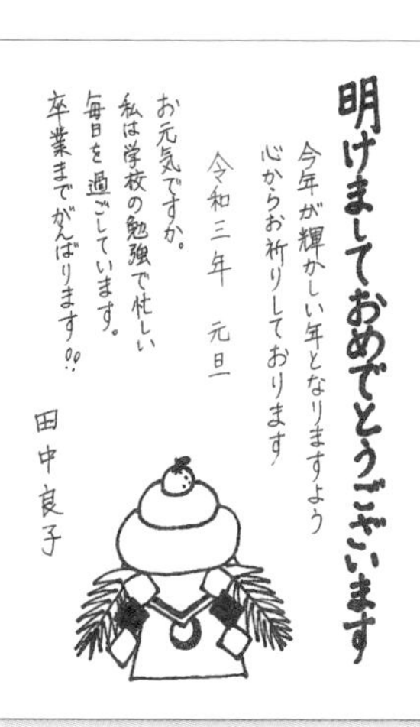

挑戦！年賀状クイズ

問1　年賀状の歴史はどのぐらいでしょうか。

a．約30年　　b．約60年　　c．100年以上

問2　日本人の大人はふつう一年に何枚ぐらい年賀状を書くでしょうか。

a．約10枚　　b．約50枚　　c．約100枚

問3　年賀状は11月1日から売り始めますが、どこで売り始めますか。

a．コンビニ　　b．郵便局　　c．文房具屋

問4　年賀状はいつ相手のところに届くのが一番いいですか。

a．うれしいことは早い方がいいから、12月の初め。

b．元旦のあいさつだから、1月1日。

c．年が変わるころに出すものだから、12月の終わりから1月の半ばまでいつでもいい。

問5　年賀はがきの下に書いてある番号はどんな意味でしょうか。

a．お年玉プレゼントの抽選番号　　b．その年のはがきの印刷番号

c．今までに作ったはがき全部の枚数

解答と解説

問1　c．100年以上

年賀状の制度ができたのは1899年で、もう100年以上の歴史を持っています。今とだいたい同じ形になったのは1949年です。

問3　b．郵便局

年賀はがきは郵便局で11月1日から売り始めます。その後いろいろな絵や写真が印刷されたはがきがコンビニや文房具屋でも発売されますが、値段は郵便局より高いです。

問2　c．約100枚

年齢や仕事によってちがいますが、社会人になると100枚は当たり前。人によっては300枚、400枚という人も少なくありません。

問4　b．1月1日

はがきの表に赤い字で「年賀」と書いて12月25日までにポストに入れると、1月1日（元旦）に届けてくれます。遅くても「松の内」と呼ばれる1月7日までに届くように出します。それ以後は「寒中見舞い」を出します。

問5　a．お年玉プレゼントの抽選番号

1月中旬に抽選が行われて1等から3等までの賞品が当たります。1等は現金30万円、またはプレミアム商品、2等はふるさと小包など、3等はお年玉切手シートです。

●年賀状の書き方

	目上の人に	親しい人に
① 新年のあいさつ	●新年明けましておめでとうございます ●謹賀新年 ●謹んで初春のお慶びを申し上げます	●明けましておめでとう ●賀正　新春　迎春 ●HAPPY NEW YEAR！
② 添え書き	●旧年中はいろいろお世話になりました 本年もどうぞよろしくお願いいたします ●皆様お元気で新年をお迎えのことと存じます ●ご家族の皆様のご健康とご多幸をお祈りしております ●今年が輝かしい年となりますよう、心からお祈りしております	●昨年はいろいろお世話になりました 今年もよろしく ●今年が○○さんにとってよい年になりますように （内容は今年の目標・希望など、何でもいいですが、話し言葉よりすこしていねいな言葉づかいで書きます。）
③ 日付	令和○年　元旦 20××年1月1日	
④ 近況など	生活上の変化、今がんばっていることなどの報告。 （敬語を使って、ていねいな言葉づかいで書きましょう。）	生活の様子、今考えていることなど。 （普段会えない人には近況を書いておくと、お互いの様子がよくわかります。）

また、年賀状にはその年の干支を書いたり、お正月らしい絵を書いたりします。最近は手で書くだけでなく、パソコンを使って絵や写真を印刷する人も増えてきました。

かんがえてみよう

下の①〜④に当てはまるところを囲んでみましょう。

①新年のあいさつ

②添え書き

③日付

④近況など

新年明けましておめでとうございます
旧年中はいろいろお世話になりました
本年もどうぞよろしくお願いいたします
令和三年　元旦
専門学校では新しい友達もたくさんでき、毎日充実した日を送っています。今年は就職活動の年になります。希望の会社に入れるようにがんばりたいです。
アルベルト・チャンコ

◆年賀状を出してはいけない場合

喪中の人（家族が亡くなって一年以内の人）には年賀状を出してはいけません。12月に喪中はがき（喪中の人は年賀状を出すことができないので、そのことを知らせるあいさつ）が届くことがありますが、その場合は年賀状を出さずに、1月半ばに寒中見舞いを書きます。（事情があって、年賀状が出せなかった場合も寒中見舞いを出します。）

●喪中はがき

喪中につき年末年始の
ご挨拶をご遠慮申し上げます
今年六月に祖父（孝一郎）が八十九歳で
永眠いたしました
ここに本年中に賜りました御厚情を深謝
申し上げますとともに
明年も変わらぬご厚誼のほどお願い申し上
げます
令和二年　十二月
山田花子

●寒中見舞い

寒中お見舞い申し上げます
先生、この冬はいかがお過ごしですか。
私はこのごろレポートに追われて、忙しく
しています。学校を卒業したら、大阪市内
のホテルに勤める予定です。
寒い日が続きますが、どうぞお体を大切
になさってください。
令和三年一月十五日
李　智恵

2. 手紙とはがきのあて名の書き方

●封筒のあて名：たて書き

① 郵便番号はこの箱の中に書きます。これをきちんと書くと早く着きます。

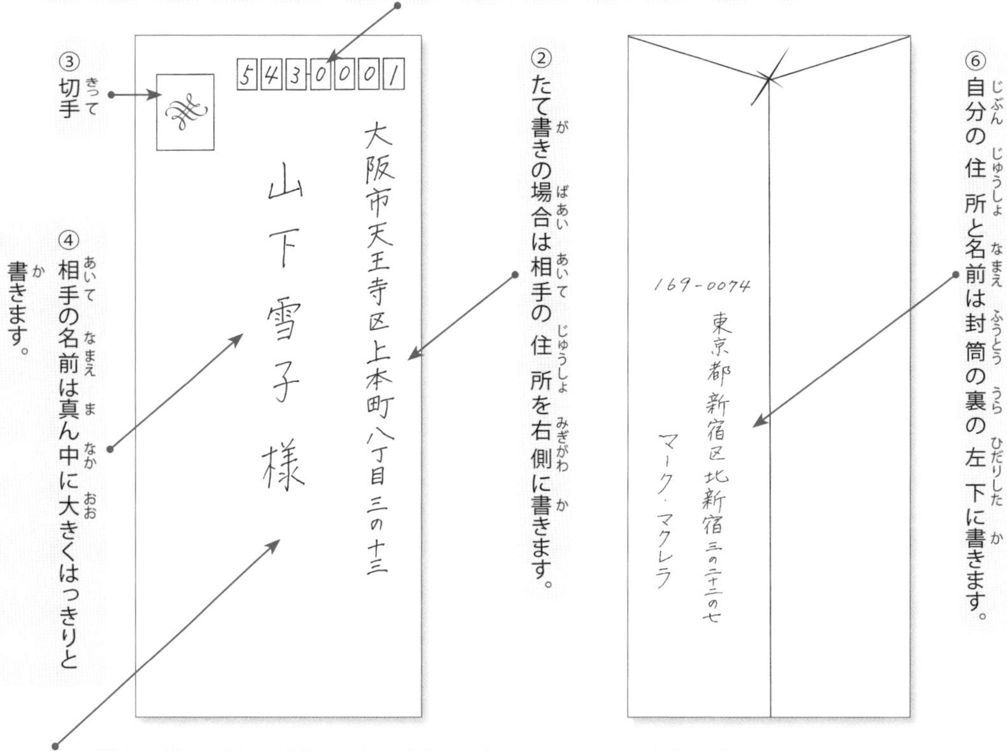

⑤ 相手の名前の後ろには「様」と書きます。先生に書く時は「先生」、会社や事務所など人以外なら「御中」と書きます。

（例）　○○会社　人事課御中

××大学事務所　留学生係御中

●封筒のあて名：横書き

横書きの場合はこのように書きます。

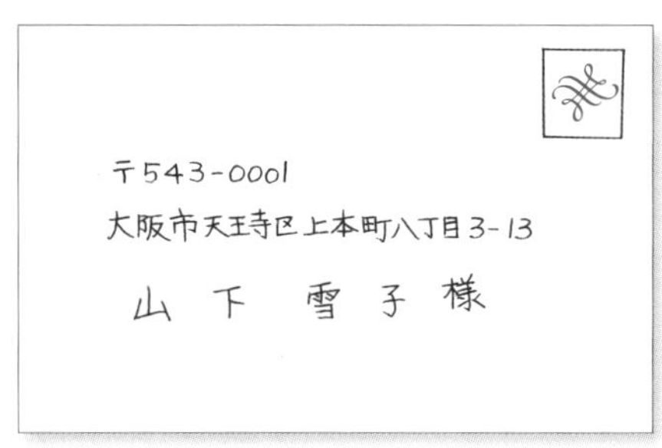

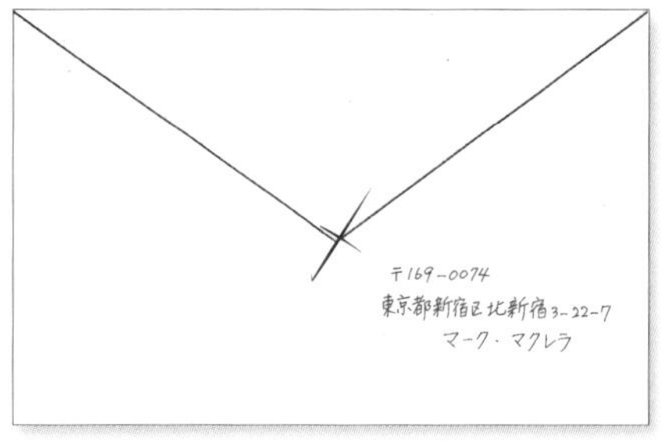

●はがきのあて名

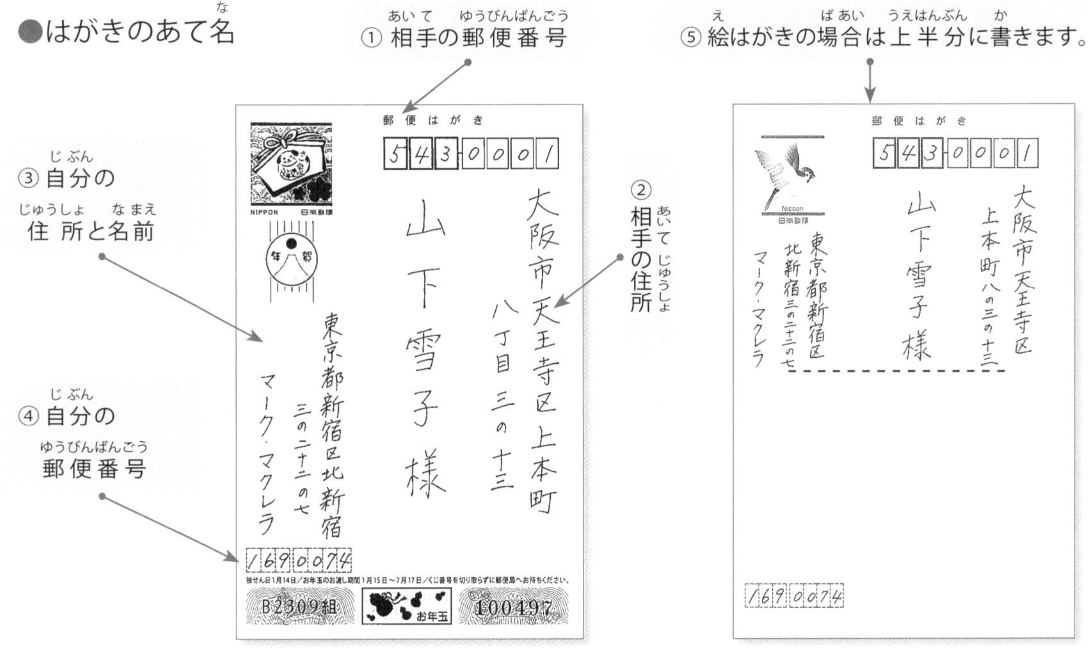

大学などに願書を出す時や必ず返事がほしい時には手紙の中に返信用封筒を同封します。返信用封筒には自分の住所と名前を書き、切手もはっておきます。

●返信用封筒

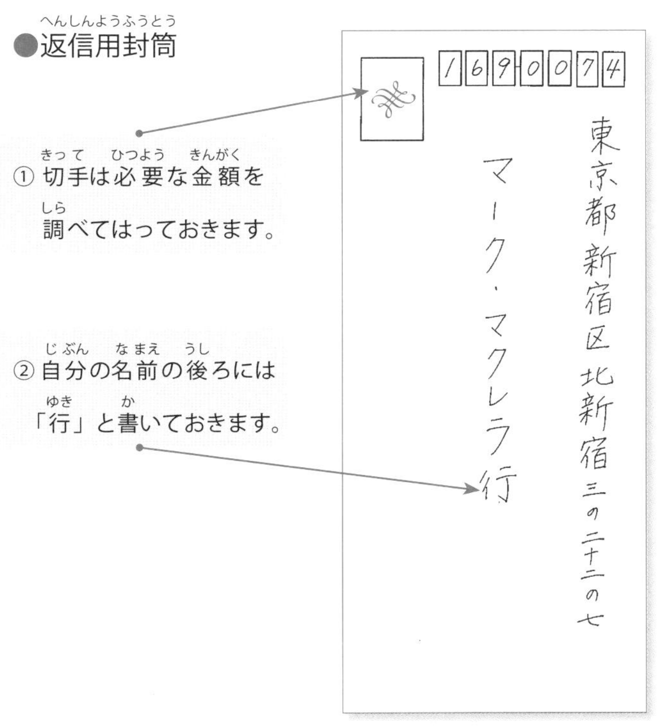

3．手紙

日本語の手紙は、目上の人に書くていねいな手紙と、親しい人に書く手紙とでは少し書き方がちがいます。ここでは、ていねいな手紙の書き方を勉強しましょう。

●手紙の書き方

<table>
<tr><td>①</td><td colspan="3">拝啓（尊敬する相手への手紙）
前略（急ぐ時の手紙）←季節のあいさつがいらない。</td></tr>
<tr><td rowspan="3">②始めのあいさつ</td><td colspan="3">（季節のあいさつ）
・暖かく／暑く／寒くなりました。
・桜／紅葉／梅雨の季節になりました。
・毎日暑い／寒い日が続いています。</td></tr>
<tr><td colspan="3">（相手の様子をたずねる）
・お元気ですか。
・いかがお過ごしですか。
・お変わりありませんか。</td></tr>
<tr><td colspan="3">（自分の様子）
・私は元気にしています。
・私は相変わらずです。</td></tr>
<tr><td>③用件</td><td>【近況報告】
私は現在～（て）います。

（これからの予定など）</td><td>【依頼】
この度はお願いしたいことがあってお便りしました。実は～が、～（て）いただけないでしょうか。お忙しいとは思いますが、よろしくお願いいたします。</td><td>【お礼】
先日は～（て）いただき、ありがとうございました。

（それについての感想など）</td></tr>
<tr><td rowspan="2">④終わりのあいさつ</td><td colspan="3">・これからだんだん暑く／寒くなりますが、
・しばらく暑い／寒い日が続きますが、
｛・どうぞお体を大切になさってください。
・ご自愛ください。
・どうぞお元気でお過ごしください。</td></tr>
<tr><td colspan="3">・またお会いできるのを楽しみにしております。
・またお便りします。
・ご家族の皆様にもよろしくお伝えください。</td></tr>
<tr><td>⑤</td><td colspan="3">敬具（拝啓と一緒に）
草々（前略と一緒に）</td></tr>
<tr><td>⑥</td><td colspan="3">日付</td></tr>
<tr><td>⑦</td><td colspan="3">自分の名前</td></tr>
<tr><td>⑧</td><td colspan="3">相手の名前（～様／先生）</td></tr>
</table>

確認問題

1．年賀状で使うあいさつの言葉は何ですか。二つ書いてください。

＿＿＿＿＿＿＿＿＿＿＿＿＿＿＿＿　＿＿＿＿＿＿＿＿＿＿＿＿＿＿＿＿

2．手紙を書く時の季節のあいさつにはどんなものがありますか。

春　＿＿＿＿＿＿＿＿＿＿＿＿＿＿＿＿＿＿＿＿＿＿＿＿＿＿＿＿＿＿

秋　＿＿＿＿＿＿＿＿＿＿＿＿＿＿＿＿＿＿＿＿＿＿＿＿＿＿＿＿＿＿

3．（　　　　）の中に適当な言葉を下から選んで書きなさい。

1）年賀状は（①　　　　　　　）までに出したほうがいいです。

2）年賀状はふつう（②　　　　　　　）の午前に、うちに届きます。

3）年賀状には（③　　　　　　　）の絵を書いたり、（④　　　　　　　）らしい絵を書いたりします。

4）家族が亡くなって（⑤　　　　　　　）以内の人には年賀状を出しません。

5）「拝啓」で始まる手紙は、文の後ろに（⑥　　　　　　　）と書きます。

6）（⑦　　　　　　　）で始まる手紙は、文の後ろに「草々」と書きます。

7）封筒にあて名を書く時ふつうは相手の名前の後ろに（⑧　　　　　　　）と書きます。

8）先生に出す時は名前の後ろに（⑨　　　　　　　）と書き、会社や学校の事務所に出す時は、名前の後ろに（⑩　　　　　　　）と書きます。

12月25日	1月1日	1年	お正月	先生
前略	御中	敬具	様	えと

発展

1．Eメール

Eメールは速くてお金もかからないし、また、たくさんの人に同時に送ることもできます。けれども、使い方を間違えると、あなたの気持ちがうまく伝わらなかったり、相手に失礼になってしまったりすることもあります。ここでは、日本語のメールの書き方を勉強しましょう。

【例1】 誘いのメール

マーク・ハンセンさんが友達の川本ゆかりさんをコンサートに誘うメール

① 件名
どんな用件か、はっきりとわかるように書く。「こんにちは」などはだめ。

② 相手の名前

③ あいさつと自分の名
あまり親しくない人には、相手がすぐわかるように学校名など。

④ 本文
・必要な内容を短く、わかりやすく。
・大切なことはまとめて。
ここだけ見れば必要なことが全部わかるように。
・返事がほしい時はその旨を書く。

⑤ 最後のあいさつ

⑥ 署名
自分の名前と連絡先。

宛先：center@aaa.co.jp
CC：
件名：コンサートに行きませんか？

川本ゆかりさん

こんにちは。マーク・ハンセンです。

ジャズをやっている友達がコンサートをすることになったのですが、
よかったら一緒に行きませんか。

日時：11月23日（木） 午後7時から
場所：上本町ホール
費用：3000円

できれば、11月10日までにお返事をください。
ゆかりさんが行くなら、チケットは私が買っておきます。
連絡お待ちしています。

それでは、また。

マーク・ハンセン
E-mail: good@bbb.co.jp
電話：090-1234-5678

【例2】 依頼のメール

専門学校に通う王明さんが担任の先生に推薦書を頼むメール

① 依頼のメールでよく使う表現。

② いつまでに必要なのか、期限をはっきり書く。
(時間に余裕を持って頼む。)

③ 依頼のメールの最後によく使う表現。

④ 目上の人に書く時は絵文字は使わない。

宛先： sashimi@ccc.co.jp
CC：
件名： 推薦書をお願いしたいのですが

山本一郎先生

私は建築デザイン科2年の王明です。

今日はお願いがあってメールしました。①

実は私は東西大学に三年編入したいと考えているのですが、
大学に問い合わせたところ、願書提出時に先生の推薦書が必要
だと言われました。そこで、できれば先生に推薦書を書いていただ
きたいと思っているのですが、お願いできないでしょうか？

私は美術館や博物館、市民ホールなどの公共建築物の
デザインに興味があり、東西大学の建築学部、建築デザイン
学科で専門的な勉強を続けたいと思っています。

推薦書は来月の10日までに必要なのですが、もし書いて
いただけるなら、書類を持って先生のところへうかがいます。②

お忙しいところすみませんが、どうぞよろしくお願いします。
では、お返事お待ちしております。③

建築デザイン科　2年生
王　　明
wasabi@ddd.co.jp

◆Eメールでよく使う表現

●はじめのあいさつ

・こんにちは。○○です。
・いつもお世話になっています。
・突然のメールですみませんが・・・。

●依頼

・実はお願いがあってメールしました。
・できれば、～ていただけませんか。

●誘い

・○○さんにも来ていただけたらうれしいです。
・ご都合がよろしければ、○○さんもいらっしゃいませんか。
・よかったら、一緒にどうですか。
・お返事／ご連絡をお待ちしております。

●返事の場合

・メール拝見しました。
・お返事が遅れて申し訳ありません。

●断り

・申し訳ないのですが、実は（理由）。
・お役に立てなくてすみません。
・せっかく誘っていただいたのに残念です。
・次の機会にはぜひ、と思っています。

●お礼

・～ていただき、ありがとうございました。
・～てくださって本当に助かりました。
・～てくださったこと、感謝しております。

2．暑中見舞い

暑中見舞いは夏に送るあいさつ状です。夏は一年の真ん中あたりなので、近況を知らせ合うという意味で書きます。

暑中見舞いを出す時期は7月半ばから立秋（8月7日）までに出します。それから後に出す場合は残暑見舞いになります。

●暑中見舞いの書き方

①始めのあいさつ ・暑中お見舞い申し上げます（8月7日まで） ・残暑お見舞い申し上げます（8月7日以後出す場合）
②相手の様子をたずねる ・暑さ厳しきおりから、いかがお過ごしですか。 ・厳しい暑さが続いておりますが、お元気でいらっしゃいますか。
③近況など
④終わりのあいさつ まだまだ暑い日が続きますが、どうぞお体にお気をつけください。
⑤日付　令和○年　○月○日
⑥　名前

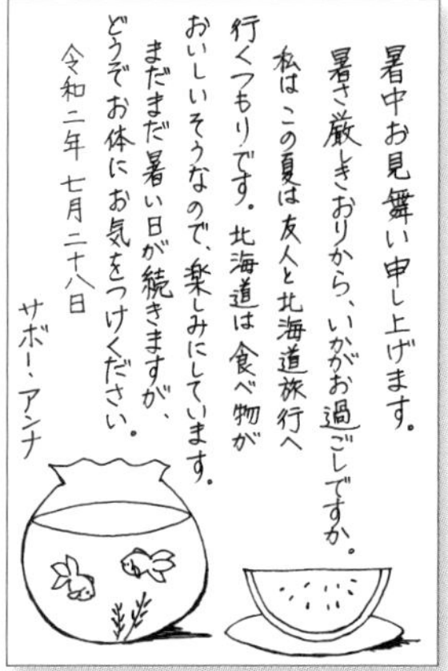
暑中お見舞い申し上げます。
暑さ厳しきおりから、いかがお過ごしですか。
私はこの夏は友人と北海道旅行へ行くつもりです。北海道は食べ物がおいしいそうなので、楽しみにしています。
まだまだ暑い日が続きますが、どうぞお体にお気をつけください。
令和二年 七月二十八日
サボー・アンナ

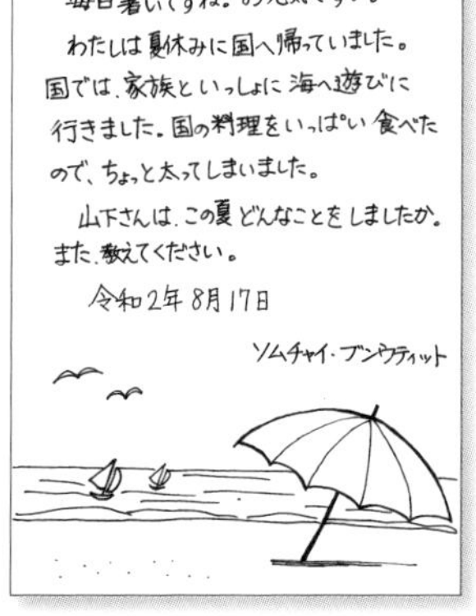
残暑お見舞い申し上げます
毎日暑いですね。お元気ですか。
わたしは夏休みに国へ帰っていました。国では、家族といっしょに海へ遊びに行きました。国の料理をいっぱい食べたので、ちょっと太ってしまいました。
山下さんは、この夏どんなことをしましたか。また、教えてください。
令和2年8月17日
ソムチャイ・ブンワティット

【コラム4】 年中行事カレンダー

		日本	あなたの国では	（　　　　）では
春	3月	ひな祭り 卒業式		
	4月	入学式		
	5月	ゴールデンウィーク 端午の節句		
夏	6月	梅雨 衣替え		
	7月	七夕 夏休み		
	8月	夏祭り お盆		
秋	9月	運動会		
	10月	衣替え 紅葉狩り		
	11月	七五三		
冬	12月	クリスマス 年越し		
	1月	お正月 成人式		
	2月	節分		

◆次の言葉を季節ごとに分けてみましょう

鏡餅　ゆかた　豆まき　千歳あめ　こいのぼり　あじさい　紅葉狩り　ひな人形

春

夏

秋

冬

8 すもう

しっていますか？

●横綱の土俵入り

1）日本の国技は何ですか。あなたの国の国技は何ですか。

2）「おすもうさん」というのはどんな人ですか。

3）有名な力士を３人あげてください。

4）一番強い力士を何といいますか。

相撲の歴史

相撲は、はじめ神様に作物がたくさんできるように祈ったり、占ったりするために行われていました。古くは1300年以上前の歴史の本にも書かれています。今のように、プロの力士が現れたのは江戸時代です。

4 m 55 cm

●土俵

相撲のルール

相撲の試合を取り組みといいます。

取り組みは（①　　　　　）の上で行われます。

力士は（②　　　　　）に呼び出されると、土俵にあがります。

まず、「清めの（③　　　　）」をまき、神に祈ります。

それから、大きく二回（④　　　　）を踏みます。お互い見合って、行司の「（⑤　　　　　）、（⑥　　　　　）！」の声を合図に取り組みが始まります。先に（⑦　　　　　　）以外の体の一部分が地面につくか、（⑧　　　　　　）に出てしまうと負けになります。相手を押したり、投げたりして戦います。けったり、なぐったりするのは反則です。

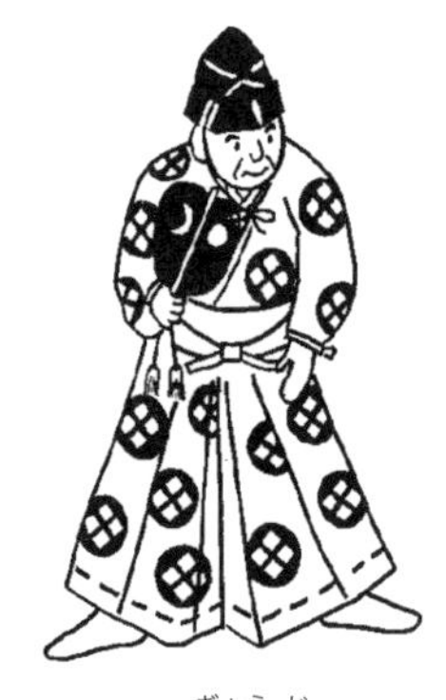

●行司

土俵　　塩　　行司　　四股　　のこった

はっきよい　　足のうら　　土俵の外

かんがえよう！

行司の「はっきよい」、「のこった」という言葉はどんな意味でしょう。

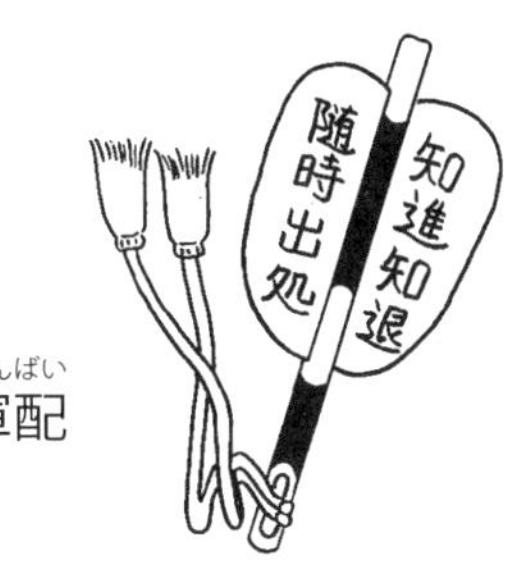

●軍配

力士

相撲を取る人を「力士」、「相撲取り」といいます。けれども、ふだんの会話の中では「おすもうさん」と呼ぶことも多いです。

プロの力士になるには、日本大相撲協会が行う新弟子検査に合格しなければなりません。

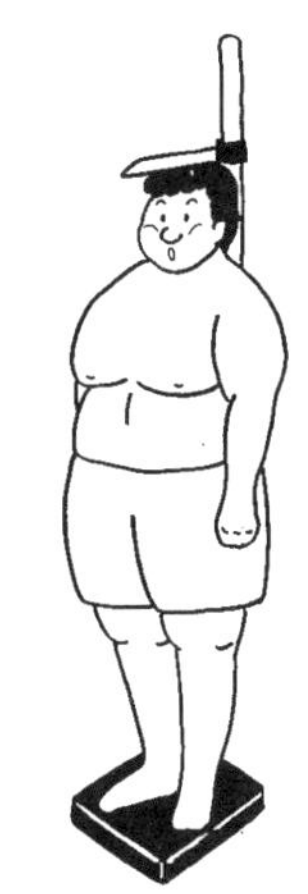

●基準

男性（　　）歳以上（　　）歳未満
身長（　　）センチメートル以上
体重（　　）キログラム以上を満たすことが最低条件

力士には「○○海」や「○○山」などのしこ名があります。出身地を表す名前も多いです。力士たちは、50ほどある相撲部屋に住んで、親方に教えてもらいながら稽古をして、横綱を目指します。また、もっと体を大きくするために、1日2回ちゃんこ料理をたくさん食べます。

←まげ
まわし
←
さがり

外国人力士

最近は外国人力士も多いです。平成30年2月現在、外国人力士が38名います。特にモンゴル出身の力士が活躍しています。

●外国人力士の出身地と人数　平成30年2月現在

モンゴル（26）・ロシア（2）・ジョージア（2）・ブルガリア（1）・中国（1）・ハンガリー（1）・フィリピン（1）・ブラジル（1）・アメリカ（1）・韓国（1）・エジプト（1）

大相撲

本場所は２か月に一度、奇数月に開かれます。１年間に６回です。各場所15日間ですから、年間で90日になります。

●大相撲の時期と開催地

時期・場所名		開催	都道府県
一月場所	初場所	④（　　　　）	東京都
三月場所	①（　　　　）場所	エディオンアリーナ大阪	大阪府
五月場所	②（　　　　）場所	国技館	東京都
七月場所	名古屋場所	愛知県体育館	愛知県
九月場所	③（　　　　）場所	国技館	東京都
十一月場所	九州場所	福岡国際センター	福岡県

朝９時から新弟子の取り組みが始まり、横綱の取り組みは、一番最後（午後６時ごろ）に行われます。取り組みはテレビでも放送されます。観戦に行きたければ、チケットはプレイガイドなどで買うことができます。土俵に近い一番高い席（溜席）は15000円ぐらいで、一番安い席は3000円ぐらいです。

●番付

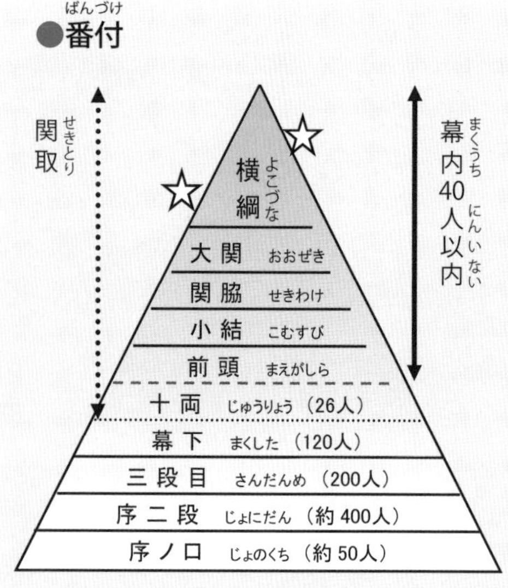

大相撲の順位表を（①　　　　）といいます。前の場所の成績で、（②　　　　）が決まります。一番強いのは（③　　　　）です。（④　　　　）・（⑤　　　　）・（⑥　　　　）を三役といいます。十両以上が（⑦　　　　）と呼ばれ、一人前の力士として認められるのです。多くの人が入門しますが、出世するのは大変なことです。横綱になるのは260人に１人の割合だと言われています。

星取表

勝つと ○（白星）がつき、負けると ●（黒星）がつきます。

平幕（前頭以下）の力士が横綱に勝つことを金星といいます。一場所 15 回の取り組みで 8 勝以上を勝ち越し、7 勝以下を負け越しといいます。

東		勝敗	1	2	3	4	5	6	7	8	9	10	11	12	13	14	15
横綱	貴ノ龍	14—1	○	○	○	○	○	○	○	○	○	○	●	○	○	○	○
大関	春日山	11–4	○	○	○	○	●	○	●	○	△	○	○	●	●	○	○
大関	大翔	8–7	●	○	○	●	○	●	○	●	●	○	●	○	○	○	●
関脇	桜富士	11–4	○	○	○	○	○	○	○	●	○	○	●	●	○	●	○
小結	豪馬	5–10	●	●	●	●	○	○	●	●	○	●	○	○	●	●	●
前 1	東乃里	8–7	○	○	●	●	○	○	○	○	●	●	●	●	○	●	○
前 2	栃光喜	9–6	●	○	○	●	●	△	○	○	○	●	○	○	●	●	○

西		勝敗	1	2	3	4	5	6	7	8	9	10	11	12	13	14	15
横綱	雷鵬	13–2	○	○	○	○	○	○	○	○	○	○	○	○	○	●	●
大関	闘王	3–3	○	○	○	●	●	▲	や	や	や	や	や	や	や	や	や
関脇	千代乃花	12–3	○	●	○	○	○	○	○	○	○	○	●	●	○	○	○
小結	欧州風	9–6	○	○	●	●	○	●	●	○	●	○	○	○	○	○	●
前 1	旭海	6–9	○	●	●	○	●	○	●	●	○	●	○	●	●	●	○
前 2	南海丸	12–3	●	○	○	○	○	○	○	○	○	●	○	○	○	○	●

●星取表の見方

○：勝ち　●：負け　△：不戦勝　▲：不戦敗　や：休場

今場所は（　　）勝（　　）敗で、（　　　　　）が優勝です。

勝ち越しは（　　）人、負け越しは（　　）人です。

豆知識　いろいろな決まり手

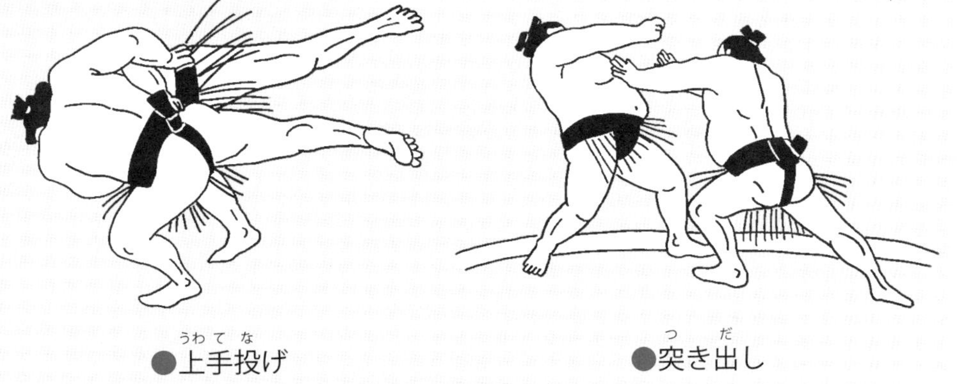

●上手投げ　●突き出し

確認問題

1．（　　　）に適当な言葉を下から選んで書きなさい。

1）一番強い力士を（　　　　　　　）といいます。

2）（　　　　　　　）で相撲をとります。

3）相撲の審判を（　　　　　　　）といいます。

4）大相撲は一年に（　　　　）回行われます。

5）力士が食べる料理を（　　　　　　）といいます。

6）力士は（　　　　　　）をつけて、取り組みを行います。

7）大相撲の力士の順位表を（　　　　　　）といいます。

8）力士の取り組みの成績表を（　　　　　　　　　　）といいます。

よこづな　おおぜき　ぎょうじ　どひょう　6　8　15

まわし　まげ　ばんづけ　ちゃんこ　ほしとりひょう

豆知識

強い力士の条件は？

強い力士の条件は「力持ち」「重い」「腰が低い」の3つです。

太っているように見える力士は、実は強い筋肉を持っていて、しかも体が柔らかく、そのうえスピードもかね備えているというスーパーアスリートなのです。

相撲のように体重が重いことがよいというスポーツはあまりありません。けれども、相撲は重いだけで勝てるわけではなく、体の小さな力士でも巧みな技で自分より大きくて重い力士に勝つこともできます。体の大きさや重さに関係なく、勝負が決まるという独特のルールに相撲の面白さがあるのです。

発展

1．紙相撲

力士をつくって、紙相撲をやってみましょう。

◆あなたの力士にどんなしこ名をつけますか。

しこ名（　　　　　　　　　　　　　　　　　）

ゆらい（　　　　　　　　　　　　　　　　　　　　　　　　　）

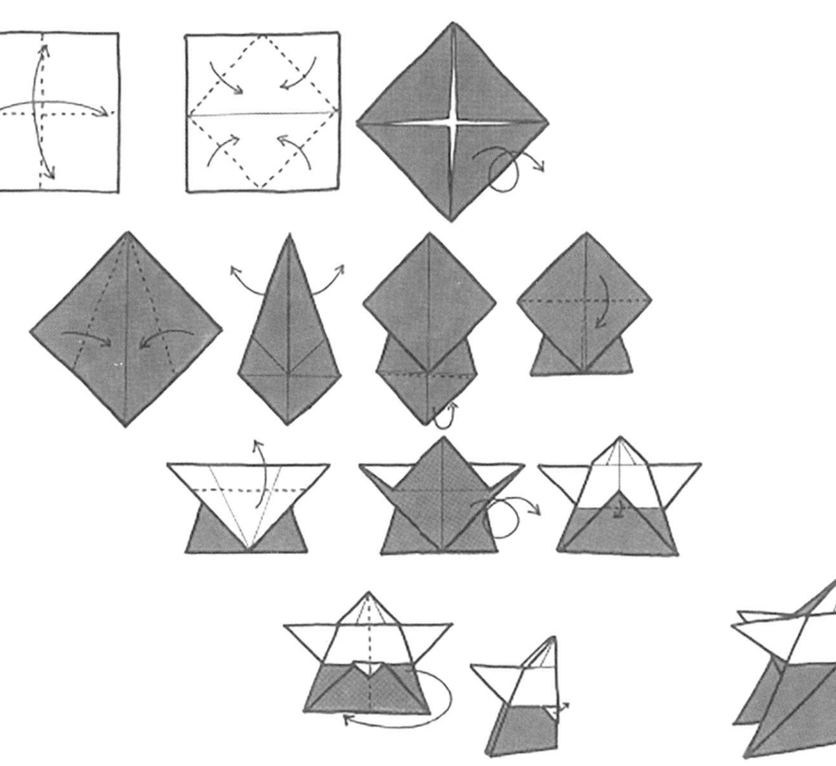

（伝承・図：岡本昌代）

2．ディスカッション

日本の国技であり、伝統的なスポーツである相撲に外国出身の力士が増えることで、今後さまざまな影響が出てくることが心配されています。現在は、外国出身の力士は各部屋ひとりまでという人数制限があります。こうしたことは日本だけに特別なことではなく、ほかの国々でもさまざまなスポーツで人数制限が課されています。

あなたは外国出身の力士が増えることに、賛成ですか。反対ですか。

【コラム5】 トラブル対策

トラブルが起こった時、どんなことをしなければなりませんか？

1．財布を落としたら

① 銀行・郵便局・カード会社などに連絡してカードをとめてもらいます。

② どこで落としたかもう一度よく思い出してみましょう。

③ 見つからなければ近くの警察に届けます。誰かが拾ってくれた時には警察から連絡がきます。その場合、拾ってくれた人に簡単なお礼をするのがふつうです。見つからない時は、(1) 家の近くの役所で健康保険証を、出入国在留管理庁で在留カードを再発行してもらいます。(2) 銀行、郵便局、カード会社などにカードを再発行してもらいます。その時手数料がかかる場合があります。

銀行	(　　　)銀行 (　　　)支店　支店番号(　　　) 口座番号(　　　)電話(　　　)		
郵便局	口座番号(　　　)		
カード会社	会社名(　　　)電話(　　　) カード番号(　　　)		
在留カード番号		健康保険番号	

2．電車に荷物を忘れたら

① いつどの電車にどんな荷物を忘れたのか説明できるように思い出しましょう。

② 電話をして忘れ物が届いていないかどうか問い合わせ、いつどこに取りに行けばいいか確認しましょう。

電車	(　　　)電車(　　　)線 (　　　)駅～(　　　)駅：乗った時間(　　　)ごろ (　　　)番目の車両　(前の方・真ん中の方・後ろの方)
かばん	色、大きさ：　　　中の物：
問い合わせ先	

3．交通事故にあったら

① 相手の人のことを聞いてメモしてください。運転免許証を見て名前・住所を確認します。車の番号もメモしてください。

② すぐに警察（　　　　　番）に連絡しましょう。警察官が来るまで待ちます。

③ 警察官と相手の人と一緒に事故の様子を確認します。

④ 病院へ行ってお医者さんにみてもらいます。

◆相手の人に次のことを聞いておきましょう

名　前	
住　所	
電話番号	
車のナンバー	
勤め先	会社名： 住所： 電話：
自賠責保険	会社名： 保険証番号：

クイズ○×交通ルール

（　　）の中に○か×を書きましょう。

（　　　　）① 信号がきいろの時はわたってもいい。

（　　　　）② 車道と歩道が区別されている時は自転車は車道を走る。

（　　　　）③ 暗くなってから自転車に乗る時はライトをつけなければいけない。

（　　　　）④ 自転車の3人乗りはだめだが、大人の2人乗りならしてもいい。

（　　　　）⑤ 傘をさして片手で自転車に乗ってはいけない。

（　　　　）⑥ お酒を飲んでから自転車に乗ってはいけない。

（　　　　）⑦ 自転車に乗りながらスマホを使ってもいい。

9　専門学校への進学

かんがえてみよう

1）日本語学校を卒業してからどうしますか。
2）進学する学校の名前が言えますか。また、漢字で書けますか。
3）将来やってみたい仕事は何ですか。
4）そのために必要なこと、しなければならないことは何ですか。
5）大学と専門学校の違いは何ですか。

1．日本の教育制度について

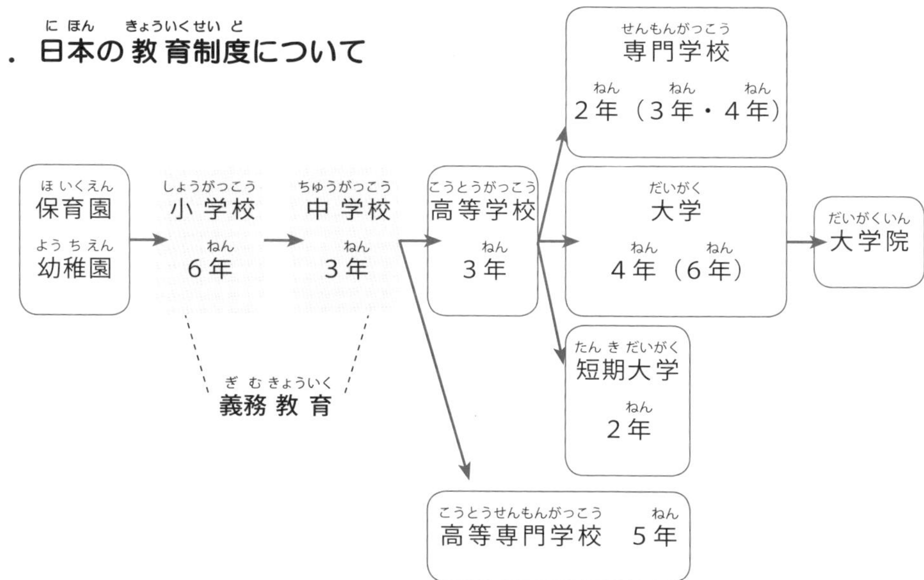

●学位の名前

高等専門学校……準学士
短期大学…………短期大学士
大学………………学士
専門学校…………専門士、高度専門士
大学院……………修士、博士

●学校数

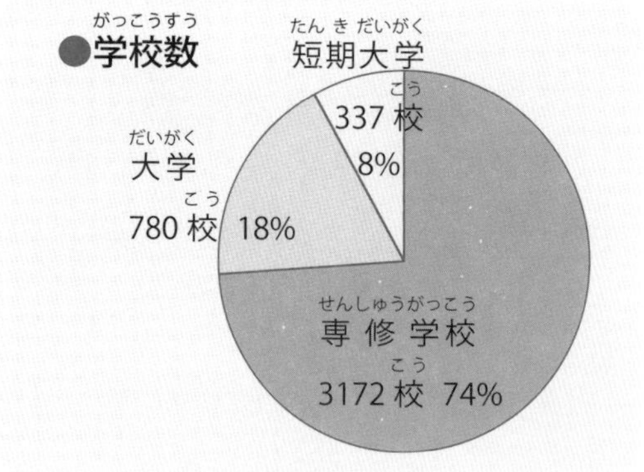

「平成29年度学校基本調査」（文部科学省）を基に大阪日本語教育センター作成

2．自分の国の教育制度を図にしてみよう

3．日本の教育制度と自分の国の教育制度を比べてみよう

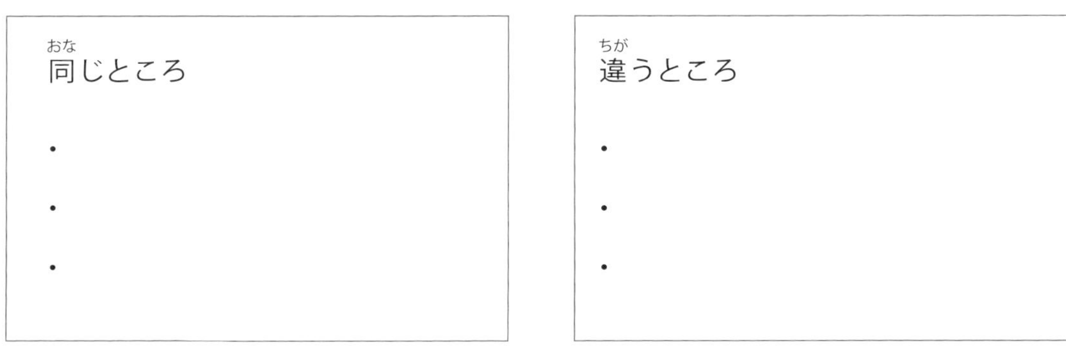

4．進学する目的について

◆日本の高等学校を卒業した人はどんな進路を選んでいるでしょうか。

●高等学校卒業者の進路

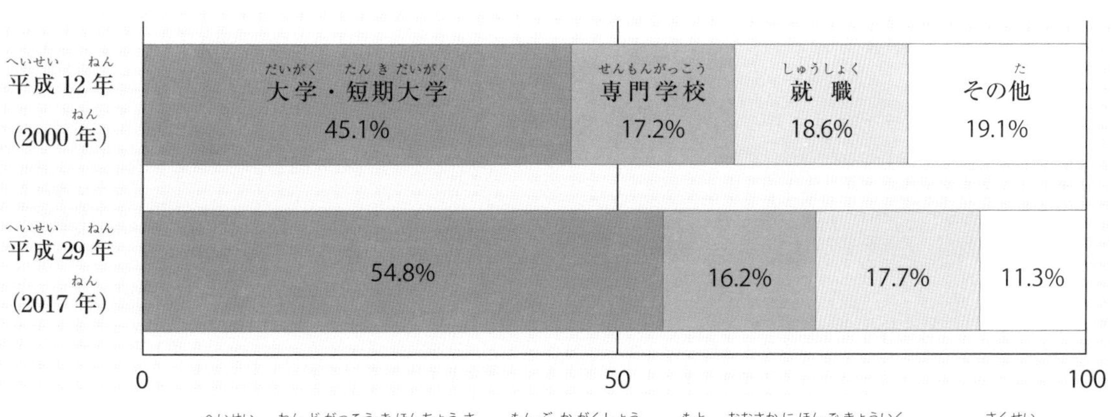

「平成29年度学校基本調査」（文部科学省）を基に大阪日本語教育センター作成

◆専門学校と大学に進学した理由を見てみましょう。

●専門学校

1位　専門的な勉強・研究のため
2位　資格や免許を取るため
3位　就職に必要なスキルを身につけるため
4位　社会で活躍する実力を身につけるため
5位　幅広い教養を身につけるため
5位　専門学校ぐらい出ていないと困るから

●大学

1位　大学で過ごすのは人生経験として貴重
2位　大学ぐらい出ていないと困るから
3位　専門的な勉強・研究のため
4位　幅広い教養を身につけるため
5位　大学を卒業することが能力のあることの証明になるから

Benesse 教育研究開発センター　高校データブック2013を基に大阪日本語教育センター作成

専門学校に進学した人たちの8割近くが「専門的な勉強・研究がしたかったから」や「資格や免許を取りたかったから」を選びました。一方、大学に進学した人は「大学で過ごすことが人生経験として貴重だと思ったから」を選んだ人が最も多く、次は「今の時代に大学くらい出ていないと困ると思ったから」で、どちらも7割を超えていました。

◆あなたが進学する目的は何ですか。順番をつけてみましょう。

(　　)専門的な勉強・研究がしたい
(　　)資格や免許を取りたい
(　　)幅広い教養を身につけたい
(　　)就職のためのスキルを身につけたい
(　　)社会で活躍するための実力がほしい
(　　)人生経験として貴重
(　　)その他（　　　　　　　　）

5. 専門学校について

●専門学校とは…　昭和50年に新しい学校制度として専修学校（専門学校）の制度ができました。専門学校は「職業、実生活に必要な能力を育成し、教養の向上を図る」ことが目的の職業教育機関です。言いかえれば専門学校では、社会に出てすぐに役立つ専門知識と技術を身につけ、資格を取ることができます。

●専門学校に進学するのは… 高等学校卒業生の6人に1人ぐらいの人が専門学校に進学しています。仕事に必要な知識や技術を学ぶために、大学、短期大学などの学生や卒業生、社会人が専門学校に入学することもあります。

●専門学校で勉強できるのは… 専門学校で勉強できる分野は大きく分けると8分野あります。それは工業、農業、医療、衛生、教育・社会福祉、商業実務、服飾・家政、文化・教養の8つです。

6. 将来の進路と学科

◆日本の高校生のなりたい職業を見てみましょう。

この中にあなたのやってみたい職業がありますか。

●高校生のなりたい職業ベスト10

男子

1位 学校の先生
2位 公務員（学校の先生・警察官などは除く）
3位 研究者・大学教員
4位 医師
5位 コンピュータープログラマー・システムエンジニア
6位 警察官、薬剤師
8位 芸能人（俳優・声優・お笑いタレントなど）
9位 技術者・エンジニア
　　理学療法士・臨床検査技師・歯科衛生士
　　法律家（弁護士・裁判官・検察官）

女子

1位 保育士・幼稚園の先生
2位 学校の先生
3位 看護師
4位 薬剤師
5位 理学療法士・臨床検査技師・歯科衛生士
6位 公務員（学校の先生・警察官などは除く）
　　医師
8位 芸能人（俳優・声優・お笑いタレントなど）
9位 栄養士
10位 カウンセラー・臨床心理士

ベネッセ教育総合研究所 第2回子ども生活実態基本調査－小4生～高2生を対象に－速報版 2009年

そのほか…建築家、コンピュータープログラマー、フライトアテンダント、グランドホステス、通訳・翻訳家など

◆あなたが将来やってみたい職業は何ですか。

そのために、どんな科目の勉強が必要ですか。職業名と科目を選んで○をつけましょう。

●職業名	●科目
① 工業関係	
建築士　自動車整備士　電気工事士 システムエンジニア　Webプログラマ ゲームクリエーター　ゲームプログラマ	土木　建築　測量　自動車整備　機械 情報処理　電子計算機　電気　電子 マルチメディア　ゲーム　OA
② 農業関係	
園芸技術者　フラワーデザイナー 化学分析スタッフ　トリマー	農業　園芸　生命工学技術　動物管理 バイオテクノロジー　フラワービジネス
③ 医療関係	
理学療法士　歯科衛生士　歯科技工士 看護師　作業療法士　マッサージ指圧師	看護　歯科衛生　技工　臨床検査 診療放射線　鍼灸　マッサージ指圧
④ 衛生関係	
調理師　栄養士　製菓衛生士 理容師　美容師	調理　栄養　製菓 理容　美容
⑤ 教育・社会福祉関係	
保育士　幼稚園教諭 介護福祉士　ホームヘルパー	保育　教育　教員養成 その他の福祉
⑥ 商業実務関係	
税理士　公認会計士　秘書 旅行業スタッフ　ホテルスタッフ 添乗員	経理　簿記　ビジネス　タイピスト 秘書　経営　旅行　ホテル　観光

⑦ 服飾・家政関係

ファッションデザイナー　スタイリスト パタンナー　ファッションアドバイザー	-------	家政　和洋裁　編み物　手芸

⑧ 文化・教養関係

ディレクター　脚本家　カメラマン 通訳　ガイド　フライトアテンダント 漫画家　アニメーター　デザイナー 国家公務員　地方公務員　行政書士	-------	演劇　映画　美術　写真 通訳　ガイド　語学　漫画 アニメーション　デザイン　文化 教養分野

7. 進学したい専門学校について

◆あなたの進学したい専門学校について、パンフレットや願書で調べてみましょう。

(ふりがな)
学校名 ＿＿＿＿＿＿＿＿＿＿＿＿＿＿＿＿＿＿＿＿

学科コース ＿＿＿＿＿＿＿＿＿＿＿＿＿＿＿＿＿＿＿＿

授業科目 ＿＿＿＿＿＿・＿＿＿＿＿＿・＿＿＿＿＿＿など

目指す資格 ＿＿＿＿＿＿・＿＿＿＿＿＿・＿＿＿＿＿＿など

卒業までの学費 ＿＿＿＿＿＿＿＿＿＿円

〒
(ふりがな)
住所 ＿＿＿＿＿＿＿＿＿＿＿＿＿＿＿＿＿＿＿＿

＿＿＿＿＿＿＿＿＿＿＿＿＿＿＿＿＿＿＿＿

最寄り駅 ＿＿＿＿＿＿＿＿＿＿＿＿＿＿＿＿＿＿＿＿

8. 大学について

専門学校を卒業してから大学に進学する学生もいます。日本人も合わせると、専門学校を卒業した学生の約80%が就職していますが、平成11年から専門学校（2年以上）の卒業生も、大学の編入試験が受けられるようになり、就職せずに編入学する学生も出てきました。

●大学では…

大学では専門的な分野の研究を行い、広く深く知識を得ることができます。4年制の大学がほとんどですが、日本では短期大学も大学の一種とされています。また、一部の学部、学科で編入制度があります。

●単位制について…

多くの大学では単位制を導入しています。科目は一般教養科目と専門科目に分かれています。進級や卒業するためには決められた単位数が必要で、文系は卒業論文、理系は卒業研究、芸術学部や建築学部では卒業制作がこの単位の中に入ります。成績が悪いと単位がもらえず、留年することもありますが、大学の卒業率は90%を越えています。

●大学生の生活…

大学生は学業のほかにクラブやサークル活動に参加したり、アルバイトなどをしたりして、さまざまなことを経験しています。また、資格を取るために専門学校などに通う学生もいます。

◆専門学校と大学の違うところはどこでしょうか。考えてみましょう。

卒業生のその後

Aさん　日本語学校卒業→東京のホテル関係の専門学校→東京の五つ星ホテル就職

Bさん　日本語学校卒業→大阪の旅行関係の専門学校→関西の国立大学→大学院→関西のコンピューター関連会社に勤務

大学編入について

1999年より専門学校からも大学編入ができるようになりました。編入には2年次編入と3年次編入があります。単位については、それまでの短期大学や専門学校で取得した単位が大学で認定されたり、卒業時に必要な単位の半分がそれまでの単位に関係なく認定されたりするなど、さまざまです。受験の時期や資格などは各大学、学部によって募集要項が異なるため、まずは大学のホームページで調べ、資料を請求したり、問い合わせたりする必要があります。編入試験は外国語、小論文、専門科目を課しているところが多いです。

確認問題

1．(　　　) の中に適当な言葉を下から選んで書きなさい。

1）日本の義務教育は（①　　　　　）、（②　　　　　）の（③　　　）年です。

2）普通、中学校からは（④　　　　　）へ進みますが、高等専門学校へ進む人もいます。その後は大学や短期大学、（⑤　　　　　）、大学院などへの道もあります。

3）大学卒業後にもらえる学位は（⑥　　　　　）です。

4）日本の高等学校を卒業した人の約半数が（⑦　　　　　）に進学しています。

5）専門学校に進学する人は（⑧　　　　　）を身につけたいと考えています。それに対して、大学に進学する人は（⑨　　　　　）を身につけたいと考えています。

6）ほとんどの大学が（⑩　　　　　）年制です。

7）大学を卒業するためには決められた数の（⑪　　　　　）を取らなければなりません。

4　　9　　学士　　単位　　大学　　小学校　　中学校

専門的な知識　　高等学校　　専門学校　　幅広い教養

発展

●面接について

1．書いてみよう

1）ドアを（　　　　　）回、しずかにノックします。

2）「（　　　　　　　　　　　　）」と言って、席まで行きます。

3）「（　　　　　　　　　　　　）」とあいさつをします。

4）「（　　　　　　　　　　　　）」と言われてから、いすに座ります。

5）面接の先生の（　　　　　）を見て質問に答えます。
（上や下ばかり見ていてはいけません）

6）終わったら「（　　　　　　　　　　　　）」とあいさつをして、退室します。

7）部屋を出る前に「（　　　　　　　　　　　　）」とあいさつをします。

1　　2　　3　　4　　顔

おはようございます　　しつれいしました　　しつれいします

すみません　　よろしくお願いします　　どうぞ

ありがとうございました　　ありがとうございます

2．話してみよう

◆面接の時はどんな服装、髪型で行ったらいいですか。

男の人（　　　　　　　　　　　　　　　　　　　　　　　）

女の人（　　　　　　　　　　　　　　　　　　　　　　　）

◆専門学校に入るまでに、どんなことをしておいたらいいでしょうか。

◆専門学校に入ったら、どんなことがしたいですか。

3．面接練習

◆面接でよく聞かれる質問の答えを考えてみましょう。

●あなたの名前と国籍を言ってください。

●住所と電話番号を言ってください。

●あなたの保証人はどなたですか。

●どうしてこの学校を希望しましたか。

●この学校のどの学科（コース）で勉強したいと考えていますか。

●それはどうしてですか。

●卒業してからどうしますか。

●あなたの将来の夢は何ですか。

◆友達や先生と面接の練習をやってみましょう。

いいところ、悪いところ、気がついた点をメモしておきましょう。

10 日本の観光地

しっていますか？

1）日本の首都はどこですか。

2）日本には都道府県がいくつありますか。

3）神戸は何という県の県庁所在地ですか。

4）富士山があるのは何県ですか。

5）日本の中でどこへ旅行に行ったことがありますか。

1．都道府県

日本は八つの地方に分けられ、47の都道府県（1都1道2府43県）からなっています。都は東京都、道は北海道、府は大阪府と京都府、県はそのほかのところです。都道府県の行政の中心になる市を都道府県庁所在地といいます。

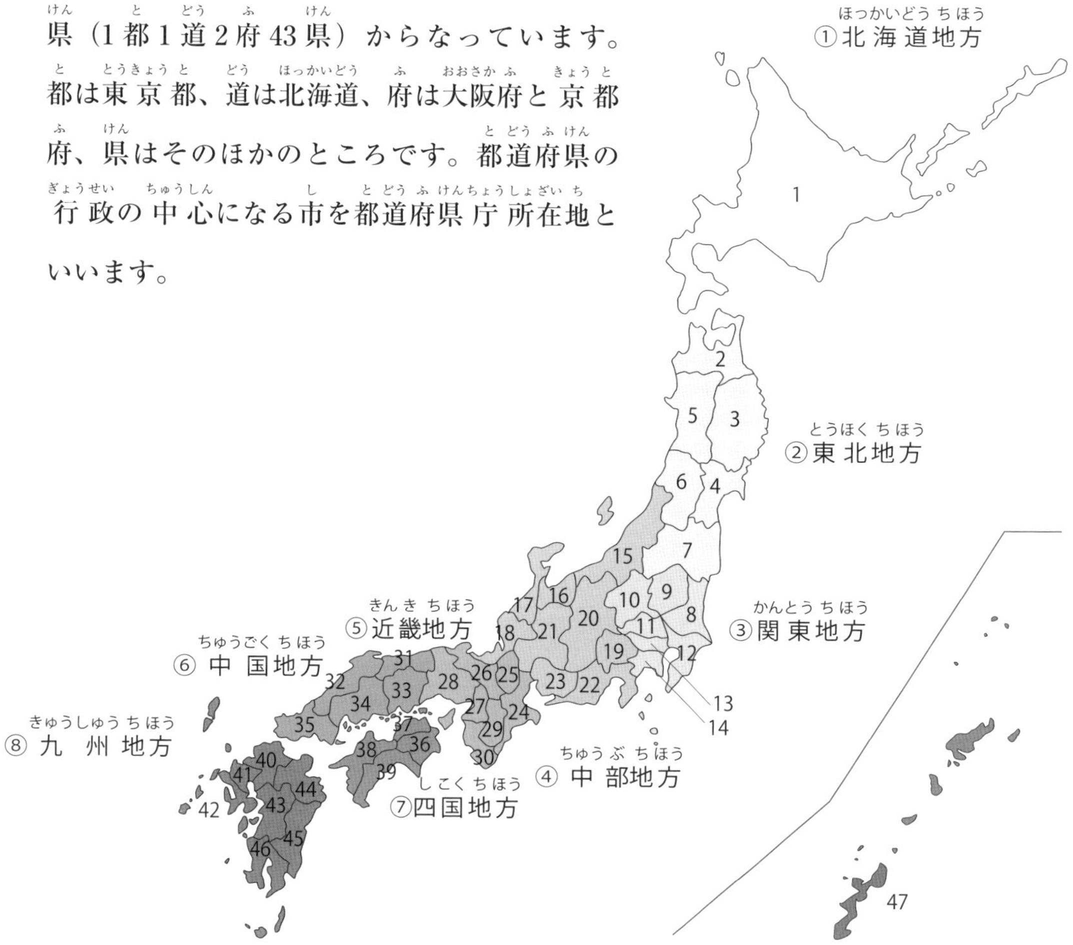

①北海道地方
②東北地方
③関東地方
④中部地方
⑤近畿地方
⑥中国地方
⑦四国地方
⑧九州地方

◆都道府県の名前を覚えよう！

①北海道地方

1. 北海道 （札幌）

②東北地方

2. 青森県 （青森）
3. 岩手県 （盛岡）
4. 宮城県 （仙台）
5. 秋田県 （秋田）
6. 山形県 （山形）
7. 福島県 （福島）

③関東地方

8. 茨城県 （水戸）
9. 栃木県 （宇都宮）
10. 群馬県 （前橋）
11. 埼玉県 （さいたま）
12. 千葉県 （千葉）
13. 東京都 （新宿区）
14. 神奈川県 （横浜）

④中部地方

15. 新潟県 （新潟）
16. 富山県 （富山）
17. 石川県 （金沢）
18. 福井県 （福井）
19. 山梨県 （甲府）
20. 長野県 （長野）
21. 岐阜県 （岐阜）
22. 静岡県 （静岡）
23. 愛知県 （名古屋）

⑤近畿地方

24. 三重県 （津）
25. 滋賀県 （大津）
26. 京都府 （京都）
27. 大阪府 （大阪）
28. 兵庫県 （神戸）
29. 奈良県 （奈良）
30. 和歌山県 （和歌山）

⑥中国地方

31. 鳥取県 （鳥取）
32. 島根県 （松江）
33. 岡山県 （岡山）
34. 広島県 （広島）
35. 山口県 （山口）

⑦四国地方

36. 徳島県 （徳島）
37. 香川県 （高松）
38. 愛媛県 （松山）
39. 高知県 （高知）

⑧九州地方

40. 福岡県 （福岡）
41. 佐賀県 （佐賀）
42. 長崎県 （長崎）
43. 熊本県 （熊本）
44. 大分県 （大分）
45. 宮崎県 （宮崎）
46. 鹿児島県 （鹿児島）
47. 沖縄県 （那覇）

（　　　　）の中は都道府県庁所在地

やってみよう！

白地図を使って作業をしよう。

1．しるしをつけよう。

①富士山　②琵琶湖　③ディズニーランド　④姫路城

⑤卒業してから行くところ

2．地名を書き込もう。

札幌・仙台・東京・名古屋・大阪・京都・広島・福岡・那覇

3．行ったことがある都道府県に色をぬろう。

2．日本の世界遺産

世界遺産とは？

すばらしい自然や何百年も前の人が造った建造物は人類の大切な宝物です。それらを国や民族を越えて守り、未来に伝えるために「世界遺産」という考えが生まれました。

1972年にユネスコで「世界遺産条約」が採択されました。

世界遺産は三種類

文化遺産・・・・歴史的、芸術的にすばらしい建物などの遺産。
自然遺産・・・・植物、動物、また森や山などの風景の遺産。
複合遺産・・・・文化遺産と自然遺産の両方を満たす遺産。
(2019年現在、日本では自然遺産4件、文化遺産19件の計23件が登録されています。)

◆日本の世界遺産を見てみよう　（文化遺産☆、自然遺産★）

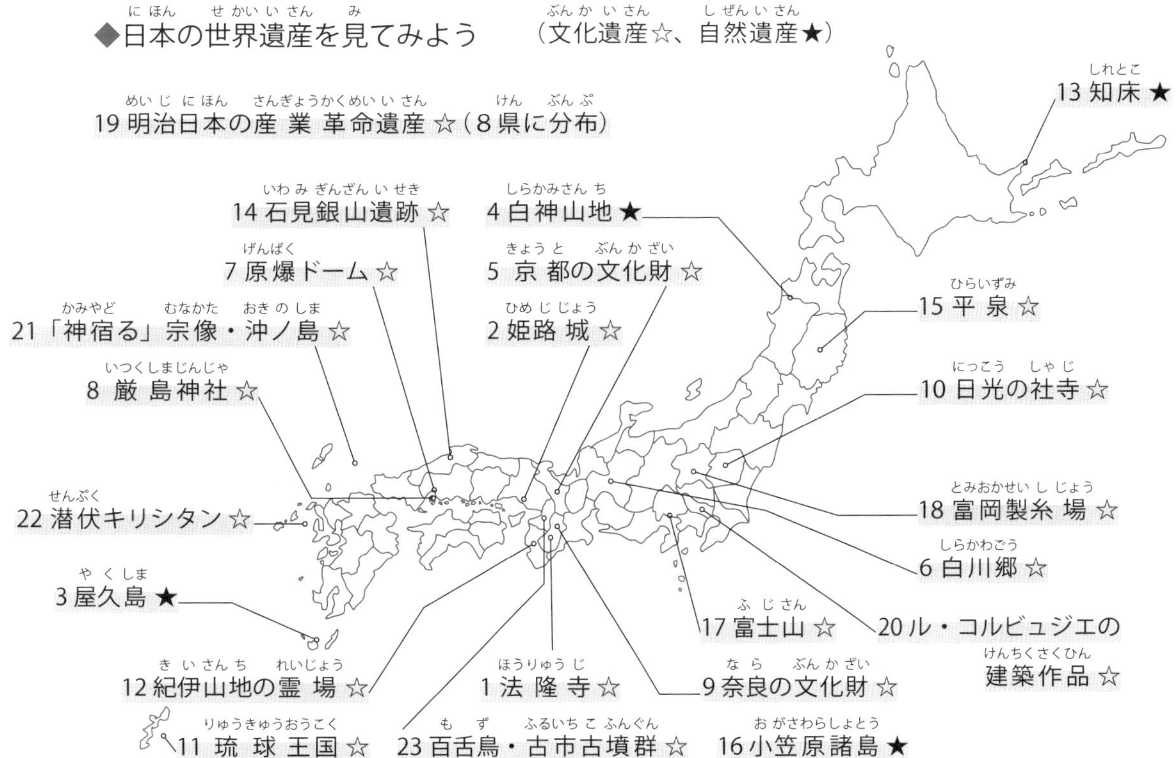

1　法隆寺地域の仏教建造物（奈良県）●文化遺産

「法隆寺」は聖徳太子が607年ごろに建てた世界で一番古い木造建造物です。飛鳥時代（6世紀末～7世紀前半）の金堂や五重塔などがあります。

2　姫路城（兵庫県）●文化遺産

17世紀のはじめに造られた城です。白い壁に美しい飾りがつき、「白鷺城」の名で知られていますが、城内には鉄砲を撃つ穴の「狭間」や「石落とし」、鉄ばりの門など、戦いのためのさまざまな工夫があります。

3　屋久島（鹿児島県）●自然遺産

樹齢1000年以上の屋久杉が有名です。海ガメなどのめずらしい動物もいて、命あふれる島です。島の頂上は標高が1936メートルもあるので、島には亜熱帯から冷温帯までの気候があります。また、雨が非常に多いところです。

4　白神山地（青森県、秋田県）●自然遺産

地球上に現存する世界最大級のブナの林で、今から約8000年前にできました。クマやカモシカ、クマゲラなどの動物、2300種類以上の昆虫がいます。山里に住む人々は森の恵みを生活に役立ててきました。

5　古都京都の文化財（京都市、宇治市、大津市）（京都府、滋賀県）●文化遺産

京都は約千年間日本の都でした。京都府と滋賀県にある17の寺や神社や城が世界遺産として登録されています。金箔をはった「金閣寺」、貴族の別荘をあらためた寺院「平等院」、石庭のある「龍安寺」、「清水寺」や「二条城」などがあります。（写真提供　清水寺）

6　白川郷、五箇山の合掌造り集落（岐阜県、富山県）●文化遺産

ここには茅ぶきの屋根が手を合わせた（合掌した）ような形の合掌造りと呼ばれる民家が多く残っています。広い二階では養蚕が行われていました。（写真提供　白川村役場）

7　原爆ドーム（広島県）●文化遺産

1945年8月6日、人類史上最初の原子爆弾が広島に落とされ、数万人の命が奪われました。この建物は世界中の人々に核兵器の悲惨さを伝え、平和の大切さを訴える人類共通の記念碑として保存されています。

8　厳島神社（広島県）●文化遺産

海上交通の女神をまつった神社で、800年ほど前に平清盛によって整えられました。海の上にあり、満潮時にはシンボルの大鳥居はもちろん本殿までも水にひたります。

9　古都奈良の文化財　（奈良県）　●文化遺産

「東大寺」は伝統的工法で造られた木造建築物の中で世界で一番大きく、中に高さ約15メートルの大仏があります。宝物の収められた「正倉院」や鹿の社「春日大社」、その森「春日山原始林」、唐のお坊さんが開いた「唐招提寺」、奈良時代（710～794）の都「平城京」の宮殿のあとなどがあります。

10　日光の社寺　（栃木県）　●文化遺産

「日光東照宮」は江戸幕府を開いた徳川家康（1542～1616）をまつった神社で、今から約380年前にできました。たくさんの彫刻で飾られ、華麗な建築で有名です。

11　琉球王国のグスク及び関連遺産群　（沖縄県）　●文化遺産

「琉球」というのは沖縄の以前の呼び名です。今から600年ぐらい前、沖縄では豪族たちが対立し、「グスク」という城をつくって戦いました。その後、沖縄は統一され、日本と中国の間の貿易で栄えました。「首里城」や王家の墓である「玉陵」、聖地である「斎場御嶽」などがあります。

12　紀伊山地の霊場と参詣道　（和歌山県、三重県、奈良県）　●文化遺産

紀伊山地は古くから聖地として多くの参詣者が訪れています。「熊野三山」、空海が開いた「高野山」、「吉野」・「大峯」の霊場が参詣道で結ばれています。（写真提供　熊野本宮観光協会）

13 知床（北海道）●自然遺産

知床半島は海岸から山まで完全な自然が残っています。ヒグマやシマフクロウなど多くの野生動物がいます。冬には流氷も見られます。

14 石見銀山遺跡とその文化的景観（島根県）●文化遺産

16世紀に開発された日本最大の銀山です。石見銀山の銀は銀貨などに使われ、日本で流通し、経済を支えました。当時、日本の銀は世界の産出量の3分の1を占めていましたが、そのかなりの部分をここで産出していました。(画像提供　大田市教育部)

15 平泉－仏国土（浄土）を表す建築・庭園及び考古学的遺跡群（岩手県）●文化遺産

平泉は12世紀に東北地方で栄えた奥州藤原氏ゆかりの地です。戦乱の後、極楽浄土を考えて造られた「中尊寺」や「毛越寺」など、五つの寺や遺跡が世界遺産に選ばれました。

(画像提供　平泉観光協会)

16 小笠原諸島（東京都）●自然遺産

小笠原諸島は本州から約1000kmも離れています。一度も大陸と陸続きになったことがなく、ここにしかいない動物や昆虫などの種がたくさんあります。

17　富士山—信仰の対象と芸術の源泉—

（静岡県・山梨県）　●文化遺産

日本最高峰の富士山は山岳信仰の対象であり、浮世絵など多くの作品に描かれ、芸術文化を育んだ山です。周囲にある神社や登山道、洞穴、湖、滝なども世界遺産となっています。

18　富岡製糸場と絹産業遺産群

（群馬県）　●文化遺産

富岡製糸場は明治5年（1872）年、政府が日本の近代化のために建てた大規模な器械製糸場です。全国から集まった工女たちが働いていて、高品質の生糸は海外でも好評でした。

（画像提供　富岡市）

19　明治日本の産業革命遺産　製鉄・製鋼、造船、石炭産業

（山口県、福岡県、佐賀県、長崎県、熊本県、鹿児島県、岩手県、静岡県）　●文化遺産

日本は西洋の進んだ技術を取り入れ、1850年代から1910年（幕末から明治時代）の50年間に炭鉱、鉄鋼業、造船業などで急速に発展しました。

20　ル・コルビュジエの建築作品—近代建築運動への顕著な貢献—

（東京都）　●文化遺産

ル・コルビュジエはスイスで生まれ、フランスで活躍した建築家で、現代建築の基礎を築いたとされる人物です。世界にある17の建築作品が世界遺産として

登録され、その中に東京都にある国立西洋美術館本館が含まれています。

21 「神宿る島」宗像・沖ノ島と関連遺産群

（福岡県） ●文化遺産

沖ノ島は4～9世紀に航海の安全を祈る古代祭祀が行われたところで、大陸との交流を示す奉納品が多数出土しています。島全体が神体とされ、今も一般の立ち入りを制限しています。

22 長崎と天草地方の潜伏キリシタン関連遺産

（長崎県、熊本県） ●文化遺産

16世紀半ばに日本に伝えられたキリスト教は、17世紀から19世紀にわたり、250年以上の間禁止されていました。長崎と天草地方には、禁教の時代に隠れて信仰を持ち続けたキリシタンの集落があります。世界遺産にはこれらの集落のほかに島原の乱（1637年）でキリシタンが立てこもった「原城跡」や現存する最古の教会である「大浦天主堂」なども含まれています。

23 百舌鳥・古市古墳群 （大阪府） ●文化遺産

4世紀後半から5世紀後半にかけて造られた古代日本の王達の墓群です。前方後円墳という独特な形をした巨大な仁徳天皇陵古墳をはじめ、大小さまざまな古墳が大阪府の二つの地域に密集しています。（画像提供　堺市）

確認問題

1．（　　）の中に適当な言葉や数字を書きなさい。

1）日本には（①　　　）都（②　　　）道（③　　　）府（④　　　）県があります。

2）日本は北海道地方、（⑤　　　）地方、（⑥　　　）地方、中部地方、（⑦　　　）地方、（⑧　　　）地方、四国地方、（⑨　　　）地方の八つの地方に分けられます。

3）近畿地方は大阪府、（⑩　　　）府、奈良県、兵庫県、滋賀県、（⑪　　　）県、（⑫　　　）県の２府５県からなっています。

4）世界遺産は（⑬　　　）遺産、（⑭　　　）遺産、複合遺産の三種類に分けられます。

2．日本の世界遺産です。関係のあるものを線で結びなさい。

1）原爆ドーム	・	・	戦争の悲惨さを伝える建物。
2）琉球王国	・	・	世界で一番古い木造建築。聖徳太子が建てた。
3）日光東照宮	・	・	樹齢千年以上の杉の木がある。自然遺産。
4）法隆寺	・	・	沖縄の以前の呼び名。首里城がある。
5）屋久島	・	・	江戸時代に作られた徳川家康をまつった神社。

発展

1．できるだけ安く旅行するためにはどんな方法がありますか。

2．グループで地方ごとにガイドブックを作りましょう。
都道府県名・主な都市名・観光地・名産・お祭り・出身の有名人・産業などを地図に書き込みましょう。

3．行きたい観光地を決めておすすめの旅行プランを立ててみましょう。
（例：富士山、ディズニーランド、札幌雪祭り、日光など）

各地方の特色

①**北海道地方**：春、秋が短く、夏は涼しく、寒い冬が続きます。日本の5分の1の広さです。

有名なもの▶牧場と乳牛、カニ、キタキツネ、流氷、雪まつり

②**東北地方**：日本でとれる米の4分の1を作っています。また、果物の栽培もさかんです。

有名なもの▶リンゴ（青森県）、ナマハゲ（秋田県）、七夕祭り（宮城県）

③**関東地方**：日本の全人口の3分の1の人が住んでいます。政治、経済の中心地です。

有名なもの▶東京スカイツリー（東京都）、鎌倉の大仏（神奈川県）、ディズニーランド（千葉県）

④**中部地方**：3000メートル級の山が集まり、「日本の屋根」と呼ばれています。

有名なもの▶富士山（静岡県、山梨県）、お茶（静岡県）、トヨタ（愛知県）

⑤**近畿地方**：古い歴史を持つ奈良や京都があります。大阪は商工業が盛んです。

有名なもの▶琵琶湖（滋賀県）、甲子園球場（兵庫県）、天橋立（京都府）

⑥**中国地方**：瀬戸内海側は晴れる日が多く、日本海側は冬には雪が降ります。

有名なもの▶瀬戸大橋（岡山県、香川県）、砂丘（鳥取県）、桃（岡山県）

⑦**四国地方**：主要四島の中で最も小さい島で、一年中温暖な気候です。

有名なもの▶四国八十八ヶ所遍路（四県）、渦潮（徳島県）、阿波踊り（徳島県）、讃岐うどん（香川県）

⑧**九州地方**：一年を通して暖かいです。台風の通り道になります。また、火山も多いです。沖縄は独自の文化があります。

有名なもの▶阿蘇山（熊本県）、桜島だいこん（鹿児島県）、別府温泉（大分県）、さんご礁（沖縄県）

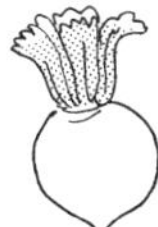

【コラム6】 方言

日本では標準語（共通語）以外に、さまざまな地方でそれぞれの言語が話されています。ある地方だけで話されている言葉を「方言」と言います。

1．全国の方言

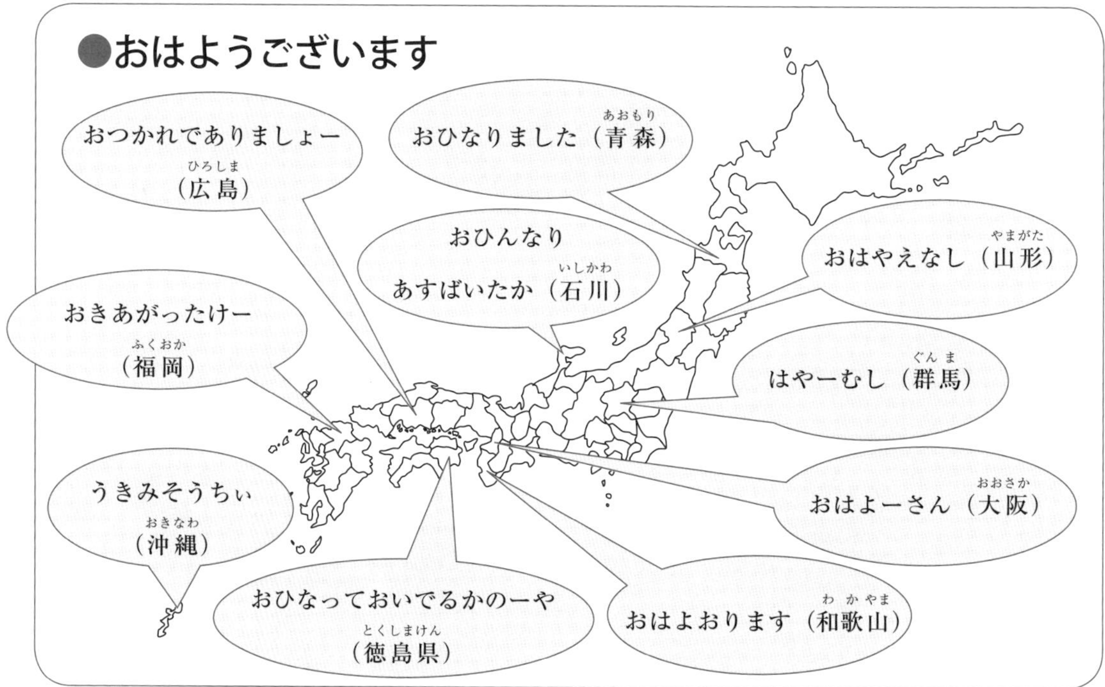

◆え？意味が違うの？

北海道では、標準語の「捨てる」の意味で「なげる」という言葉を使うことがあります。例えば、「そこに、ごみを捨てないでください」は、「そこに、ごみ、なげないでください」と言います。佐賀県では、返事の「はい」を「な〜い」と言います。ですから、例えば「時間、ある？」「な〜い。」（「はい」の意味）となって、外の地方の人が聞くと「時間があるのか、ないのか、わからない」という笑い話もあります。高知県では、標準語の「準備する」の意味で「かまえる」という言葉を使うことがあります。例えば、標準語では「準備しておく」と言う時、高知県では「かまえちょく」と言います。このように場所が変われば、使われる言葉もさまざまです。

2．大阪弁（おおさかべん）

（1）アクセント

	大阪弁（おおさかべん）	標準語（ひょうじゅんご）
目	めぇ	め
歯	はぁ	は
水	みず	みず
午前	ごぜん	ごぜん
書く	かく	かく
インド	インド	インド
京橋	きょうばし	きょうばし
おはよう	おはよう	おはよう

（2）特徴（とくちょう）のある言葉（ことば）と使（つか）い方（かた）

① **あかん** … だめ

「そんな危（あぶ）ないことしたら、あかん！」

② **ちゃう** … 違（ちが）う、じゃない

「ちゃう。あの子（こ）は彼女（かのじょ）とちゃう。
ただの友達（ともだち）や。」

③ **めっちゃ** … ものすごく

「きのう見（み）に行（い）った映画（えいが）、
めっちゃおもしろかってん。」

④ **～へん** … ～ない

「明日（あした）、映画（えいが）行（い）かへん？」

「ごめん、明日（あした）行（い）かれへん。」

⑤ **～や** … ～だ

「明日（あした）、試験（しけん）や。今日（きょう）は徹夜（てつや）や。」

⑥ **～ねん** … ～んです

「明日（あした）、映画（えいが）に行（い）くねん。」

3．神戸弁（こうべべん）と京都言葉（きょうとことば）

神戸弁（こうべべん）　**～とう** … ～ている　「今度（こんど）の試験範囲（しけんはんい）、知（し）っとう？」

京都言葉（きょうとことば）　**～よし** … ～なさい　「はよ、しよし。」

11 歴史

しっていますか？

1）日本の時代の名前をいくつ知っていますか。

2）大阪、京都、奈良はどんなところでしたか。

3）日本の政治の中心になったところはどこですか。

4）あなたが知っている歴史上の日本人は誰ですか。

1．政治史

日本の歴史を政治の面から見てみましょう。

年代	時代	ことがら
約1万年前	縄文時代	➢ 狩や漁をして生活をし、身分や貧富に差のない平等な社会が続く。
紀元前 3世紀ごろ	弥生時代	➢ 米づくりを始める。 → 村ができ、身分や貧富に差が生まれる。 → 村同士の戦いがおこり、国が生まれる。
3世紀ごろ	古墳時代	➢ 卑弥呼が邪馬台国の女王になる。 ➢ 豪族らが大和朝廷（奈良県大和地方）をつくり、九州から東北までを支配する。 ➢ 漢字、仏教が伝えられる。
593年	飛鳥時代	➢ 聖徳太子が政治を行う。（奈良県飛鳥地方） → 天皇中心の国をつくろうとする。
710年	奈良時代	➢ 奈良に都を移す。（平城京） ➢ 聖武天皇が仏教で国を一つにしようとする。 → 東大寺の大仏など全国に寺がつくられる。

年代	時代	ことがら
794年	平安時代	➢ 京都に都を移す。(平安京) ➢ 藤原氏が天皇と親戚関係になることで力を伸ばし、政治に関わる。 ➢ 貴族や寺の私有地を守るために武士が生まれる。 → 東の源氏、西の平氏。 → 壇ノ浦の戦いで平氏が滅びる。
1192年	鎌倉時代	➢ 源頼朝が鎌倉(神奈川県)に幕府をつくる。 → 武士による政治が始まる。(江戸幕府末まで約650年間)
1338年	室町時代	➢ 足利尊氏が京都に幕府をつくる。 ➢ 8代将軍足利義政の死。 → 全国の大名が争い、戦国時代が始まる。(約100年間) → 下の者が上の者を倒し、実力で戦国大名になる下剋が多くなる。 ➢ 鉄砲、キリスト教が伝えられる。
1573年	安土桃山時代	➢ 織田信長が全国をほぼ支配する。 → 家来の明智光秀に本能寺(京都市)で倒される。 ➢ 豊臣秀吉が全国を統一する。 → 政治の中心を大阪城(大阪市)に移す。 ➢ 豊臣秀吉の死後、徳川家康が関が原の戦いで豊臣軍をやぶる。
1603年	江戸時代	➢ 徳川家康が江戸(東京都)に幕府をつくる。 ➢ 鎖国を始める。(1639年～1859年の約200年間) ➢ 安定した政治体制が続き、町人の文化が栄える。

年代(ねんだい)	時代(じだい)	ことがら
	江戸時代(えどじだい)（幕末(ばくまつ)）	➢ アメリカの使節(しせつ)ペリーが来(き)て、開国(かいこく)をする。（鎖国(さこく)が終(お)わる） ➢ 天皇中心(てんのうちゅうしん)の国(くに)をつくろうとする考(かんが)えがおこる。 → 幕府(ばくふ)を倒(たお)す運動(うんどう)が大(おお)きくなる。 → 15代将軍徳川慶喜(だいしょうぐんとくがわよしのぶ)が朝廷(ちょうてい)に政権(せいけん)を返(かえ)す。 → 武士(ぶし)による政治(せいじ)が終(お)わる。
1868年(ねん)	明治時代(めいじじだい)	➢ 都(みやこ)を京都(きょうと)から東京(とうきょう)に移(うつ)す。 ➢ 明治天皇(めいじてんのう)が天皇中心(てんのうちゅうしん)の政府(せいふ)をつくる。 ➢ 議会(ぎかい)による政治(せいじ)を求(もと)める運動(うんどう)がおこる。 ドイツの憲法(けんぽう)をもとに大日本帝国憲法(だいにっぽんていこくけんぽう)がつくられる。 （主権(しゅけん)は天皇(てんのう)） ➢ 日清戦争(にっしんせんそう)、日露戦争(にちろせんそう)がおこる。
1912年(ねん)	大正時代(たいしょうじだい)	➢ 民主主義(みんしゅしゅぎ)を求(もと)める声(こえ)が高(たか)くなる。 → 25歳以上(さいいじょう)の男子(だんし)に選挙権(せんきょけん)が与(あた)えられる。 ➢ 第一次世界大戦(だいいちじせかいたいせん)がおこる。
1926年(ねん)	昭和時代(しょうわじだい)	➢ 軍(ぐん)が政治(せいじ)を動(うご)かすようになる。 → 日中戦争(にっちゅうせんそう)、第二次世界大戦(だいにじせかいたいせん)、太平洋戦争(たいへいようせんそう)がおこる。 ➢ 戦後(せんご)、東京(とうきょう)に連合国軍総司令部(れんごうこくぐんそうしれいぶ)（GHQ）がおかれる。 ➢ → 日本(にほん)の民主化(みんしゅか)がアメリカによって進(すす)められる。 ➢ 日本国憲法(にほんこくけんぽう)が公布(こうふ)される。（主権(しゅけん)は国民(こくみん)） ➢ 日米安全保障条約(にちべいあんぜんほしょうじょうやく)を結(むす)ぶ。 → アメリカ軍(ぐん)の日本駐留(にほんちゅうりゅう)を認(みと)める。 ➢ 国際連合(こくさいれんごう)に入(はい)ることを認(みと)められる。 → 国際社会(こくさいしゃかい)へもどる。 ➢ 高度経済成長期(こうどけいざいせいちょうき)を迎(むか)える。
1989年(ねん)	平成時代(へいせいじだい)	➢ バブル景気(けいき)に沸(わ)く。 ➢ バブルが崩壊(ほうかい)し、低成長時代(ていせいちょうじだい)へと突入(とつにゅう)する。

確認問題

1．年表を見て、問いに答えなさい。

時代	ことがら
縄文時代	
弥生時代	
古墳時代	A（　　　）
飛鳥時代	B（　　　）
Ⅰ（　　）	ア（　　　）に都を移す。
Ⅱ（　　）	イ（　　　）に都を移す。 C（　　　）
Ⅲ（　　）	ウ（　　　）に幕府をつくる。 D（　　　）
室町時代	京都に幕府をつくる。
安土桃山時代	エ（　　　）が政治の中心になる。
Ⅳ（　　）	オ（　　　）に幕府をつくる。
Ⅴ（　　）	カ（　　　）に都を移す。 E（　　　）
大正時代	
Ⅵ（　　）	F（　　　）
平成時代	

1）Ⅰ～Ⅵは何時代ですか。

①～⑥から選び、（　　　）の中に番号を書きなさい。

① 平安時代　② 昭和時代
③ 江戸時代　④ 鎌倉時代
⑤ 明治時代　⑥ 奈良時代

2）ア～カの地名を選び、（　　　）の中に番号を書きなさい。

⑦東京　⑧鎌倉　⑨京都　⑩江戸　⑪奈良　⑫大阪

3）A～Fに関係のあるものを選び、（　　　）の中に番号を書きなさい。

⑬武士の政治が始まる。

⑭天皇中心の政治にもどる。

⑮豪族が力をもつ。

⑯国民中心の政治が始まる。

⑰聖徳太子が天皇中心の政治をおこなう。

⑱貴族が力をもつ。

かんがえてみよう

「鳴かぬなら　殺してしまえ　ほととぎす」（織田信長）

「鳴かぬなら　鳴かせてみせよう　ほととぎす」（豊臣秀吉）

「鳴かぬなら　鳴くまで待とう　ほととぎす」（徳川家康）

これらは戦国時代に全国統一を目指した3人の武将の性格を表して、後世の人が作った川柳です。どんな性格だったのか考えてみましょう。

発展

年号はなかなか覚えられません。それで、語呂合わせをして覚えることが多いです。数字の読み方の例を挙げてみます。

数字	読み方			
0	れい	おー	ぜろ	まる
1	いち	ひ	いつ	ひとつ
2	に	ふ	ふた	ふたつ
3	さん	み	みつ	みっつ
4	し	よ	よつ	よっつ
5	ご	い	いつ	いつつ
6	ろく	む	むつ	むっつ
7	しち	な	なな	ななつ
8	はち	や	やつ	やっつ
9	く	ここ	きゅう	ここのつ
10	じゅう	と	じっ	とお

◆次は何年のことがらでしょうか。右から選び、線で結びなさい。

●鳴くよ　うぐいす（　　　）。　・　　　・　開国（1853年）
●いい国　つくろう（　　　）。　・　　　・　平安京（794年）
●なんと　きれいな（　　　）。　・　　　・　平城京（710年）
●以後、よく広まる（　　　）。　・　　　・　鎌倉幕府（1192年）
●いやで　ござるよ（　　　）は。・　　　・　キリスト教（1549年）

【コラム7】 政治

1．日本の政治のシステム

日本の政治は図のような三権分立のシステムです。

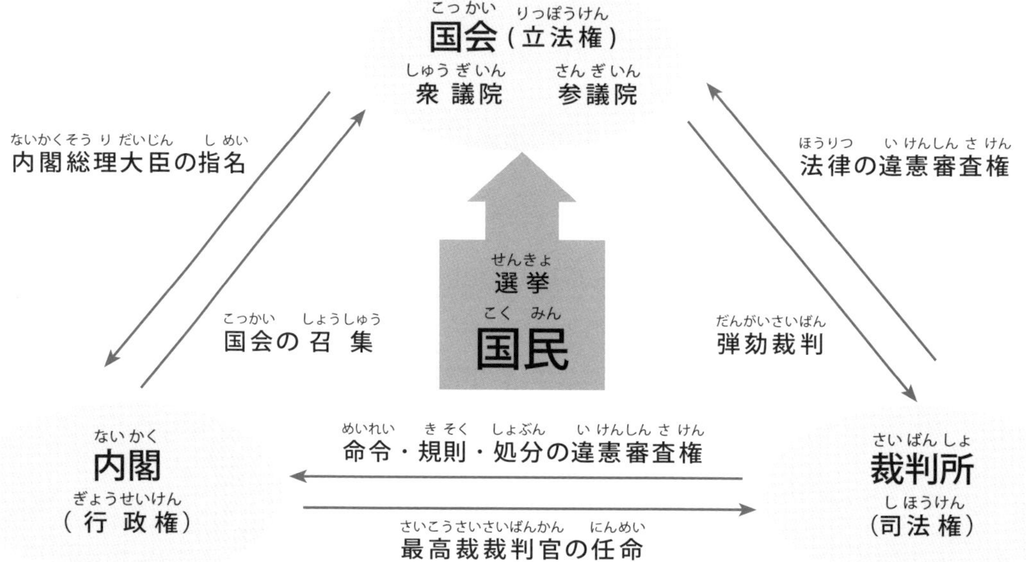

（1）国会（立法権）

	衆議院	参議院
議員定数	465人	242人
任期	4年	6年※
被選挙権	満25歳以上	満30歳以上
選挙方法	小選挙区・比例代表制	選挙区選出・比例代表制
解散	ある	ない

※参議院の任期は6年で、3年ごとに半数の121人が選挙でかわる。

（2）内閣（行政権）

内閣というのは、総理大臣を中心として、総理大臣が選んだ14人の国務大臣が行う会議のことで、政府の中で最も大切なことを決めるところです。内閣のトップは内閣総理大臣（首相）で、各省のトップは国務大臣です。

◆中央省庁とその仕組み

名称	内容	主な所属機関
内閣府	内閣総理大臣の政策決定支援	宮内庁・金融庁・公正取引委員会・国家公安委員会・警察庁
総務省	行政組織、公務員制度、地方行財税政、選挙、消防防災、情報通信、郵政行政、統計作成など、国家の基本的仕組みに関係する諸制度を所管している。	行政管理局・行政評価局・総合通信基盤局・統計局・消防庁
法務省	裁判・戸籍・外国人の入国管理・人権保護	公安調査庁・入国管理局
外務省	外交、交渉、日本人が外国へ行った際の安全保護	
財務省	国の予算から税金まで担当	国税庁・税関
文部科学省	教育改革、科学・文化の振興を担当	文化庁・スポーツ庁
厚生労働省	医療・社会福祉・雇用安定・人材育成など	労働基準局・職業安定局・中央労働委員会
農林水産省	食糧供給・自然環境保全	林野庁・水産庁
経済産業省	経済社会システムと技術基盤の整備	経済産業政策局・資源エネルギー庁・特許庁
国土交通省	国土計画（住宅・河川・道路・鉄道・航空）都市地域整備・海上の保安・気象観測	国土政策局・気象庁・観光庁・海上保安庁
環境省	環境保全担当	原子力規制委員会

防衛省	日本の防衛と各種災害時の救援活動、復興支援、国際平和協力業務、国際緊急援助活動など。	海上自衛隊、陸上自衛隊、航空自衛隊、防衛装備庁
復興庁※	復興施策に関する企画立案、総合調整	

※令和2年度まで

（3）裁判所（司法権）

◆裁判の種類

民事裁判	家庭での問題や、商取引で問題が起きた時の裁判
行政裁判	国や地方公共団体を相手にしてする裁判 （環境問題・税金問題・免許関係の処分など）
刑事裁判	窃盗・殺人などの犯罪に対する裁判

◆三審制

裁判は一度だけでなく三度まで受けることができます。また、国民は最高裁判所の裁判官を審査する権利も持っています。（衆議院議員選挙と平行して4年に一度審査する。）

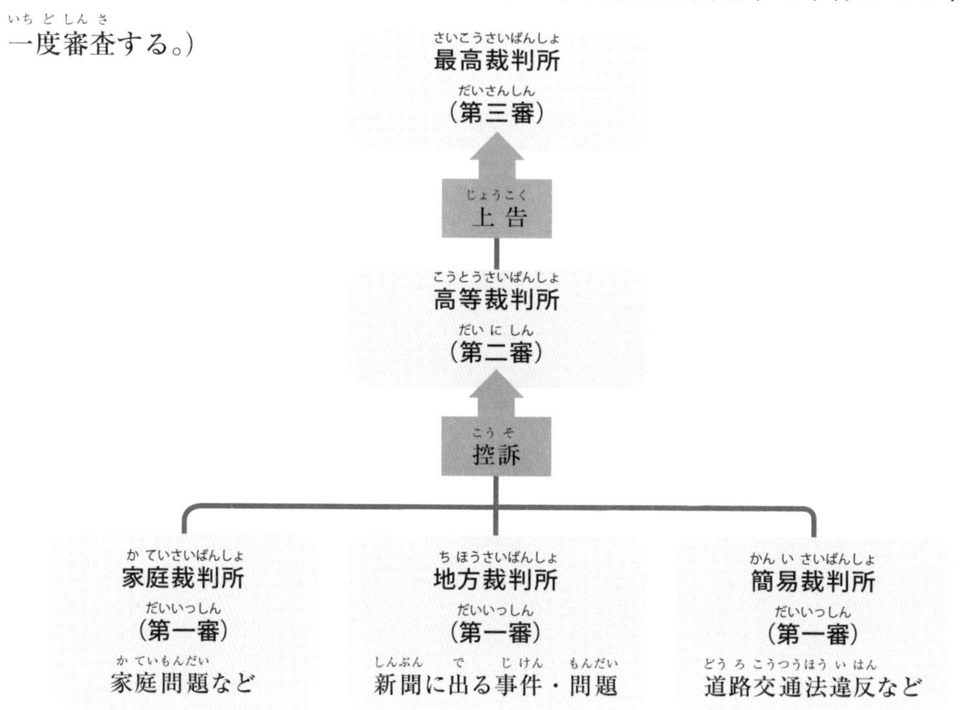

2．日本国憲法

（1）憲法の三原則

国民主権（第1条）	主権は国民にある。天皇は日本国の象徴。 天皇の国事行為には内閣がすべての責任を持つ。
戦争の放棄（第9条）	陸・海・空の軍隊やその他の戦力を持たない。
基本的人権の尊重（第11条）	基本的人権は国民の永久不可侵の権利である。

（2）国民の義務と権利

◆国民の義務

国民には ①教育を受けさせる義務 ②勤労の義務 ③納税の義務があります。

◆国民の権利

平等権	法の下の平等
自由権	思想、良心、学問、信教、集会、結社、表現、職業選択の自由権
社会権	生存権、教育を受ける権利、勤労の権利、労働基本権
参政権	選挙、立候補、その他の投票の権利
請求権	裁判を受ける権利、国家賠償請求権

3．地方自治

日本には47の都道府県があります。東京都（1都）、北海道（1道）、大阪府・京都府（2府）と43の県です。地方自治の仕組みを見てみましょう。

	首長	被選挙権	地方議会	地方公共団体
都道府県	知事	満30歳以上・任期4年	都議会・府県議会など	都庁・府庁・県庁など
市町村	市町村長	満25歳以上・任期4年	市町村議会など	町、村役場、市役所など

4．税金

（1）直接税：税を払う人が直接、国や地方自治体に納める税
（所得税、住民税、法人税、相続税など）

（2）間接税：払う人と納める人が異なる税（消費税、酒税、タバコ税、関税など）

5．最近の法律、制度

（1）情報公開法（1999年）：政府や自治体その他の情報の公開を求める権利に関する法律

（2）男女共同参画社会基本法（1999年）：男女が社会の対等な構成員としてともに参画し、責任をになう社会への理念や方針を定めた法律

（3）リサイクル法（循環型社会形成推進基本法）

①容器包装リサイクル法（2000年）

家庭から一般廃棄物として排出される容器包装廃棄物のリサイクルシステムを確立するため、「消費者が分別排出」し、「市町村が分別収集」し、「事業者が再商品化」するという各々の役割分担を規定する法律

②家電リサイクル法（2001年）

一般家庭や事務所から廃棄される特定家電製品（エアコン・テレビ・冷蔵庫・冷凍庫・洗濯機）が有料回収され、有用な部分や材料をリサイクルする。資源の有効利用を推進するための法律

（4）介護保険制度（2000年）：社会の高齢化に対応して施行された社会保険制度

（5）個人情報保護法（2005年）：個人情報の有用性に配慮しながら、個人の権利利益を保護することを目的として個人情報を取り扱うための法律

（6）裁判員制度（2009年）：刑事裁判に国民から選出された裁判員が参加する制度

（7）福島復興再生特別措置法（2012年）：原子力災害により深刻かつ多大な被害を受けた福島の復興・再生を推進するための法律

（8）**子ども・子育て支援法（2012 年）**：子どもをのびやかに育てるために、子どもと子どもを育てている人に対して支援をするための法律

（9）**障害を理由とする差別解消の推進に関する法律（障害者差別解消法）（2013 年）**：障害を理由とする差別の解消を推進するための法律

（10）**いじめ防止対策推進法（2013 年）**：学校でのいじめを学校、地方自治体、国が防止するための法律

（11）**過労死等防止対策推進法（2014 年）**：過労死を防止するための対策の推進、そのための組織などについて定めた法律

（12）**サイバーセキュリティ基本法（2014 年）**：電子情報について安全性や信頼性が確保され、維持されるために、行政、事業者の果たすべき責務を定める法律

（13）**公職選挙法等の一部を改正する法律（2015 年）**：選挙権年齢が 20 歳以上から 18 歳以上に引き下げられた。

（14）**住宅宿泊事業法（2017 年）**：住宅の空き部屋を有料で旅行者に貸し出す「民泊」のルールを定めた法律

（15）**天皇の退位等に関する皇室典範特例法（2017 年）**：皇室典範の特例として、天皇陛下の退位及び皇嗣の即位を実現するとともに、天皇陛下の退位後の地位その他の退位に伴い必要となる事項を定めた法律

（16）**民法改正（2018 年）**：成人年齢を 20 歳から 18 歳に引き下げるための改正。ただし、飲酒、喫煙はこの改正に含まれず 20 歳以上のまま。

（17）**出入国管理及び難民認定法及び法務省設置法の一部を改正する法律（2018 年）**：新たな外国人材受入れのための在留資格の創設、外国人に対する支援に関する規定の整備、出入国在留管理庁の設置等を定めた法律。一部の規定を除き 2019 年 4 月 1 日施行

（18）**日本語教育の推進に関する法律（2019 年）**：日本に住む外国人の日本語教育を受ける機会が最大限に確保されるように推進することを定めた法律。2019 年 6 月 28 日公布・施行

【課題】「日本人50人に聞きました」

かんがえてみよう

1）学校の外でどんな日本人と会話しますか。

2）日本人とどんな話題で話すことが多いですか。

3）日本人や日本文化について、どんなことに興味を持っていますか。

これまで日本人や日本文化について勉強してきて、あなたはどんなことに興味を持ちましたか。興味を持った日本の文化や習慣について、もっと詳しく調べてみましょう。

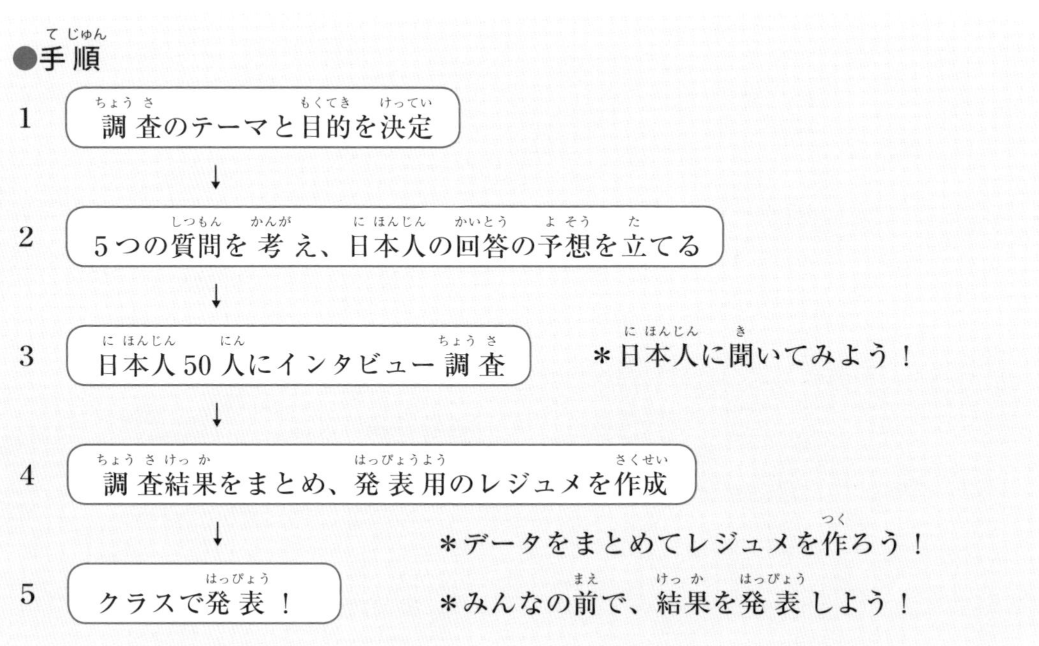

1．テーマを決めよう！

グループで何を調査するか話し合いましょう。日本人に聞いてみたいことはどんなことですか。あなたは日本人がそのテーマについてどのように考えていると思いますか。調査を始める前に、日本人の答えも予想しておきましょう。

2. インタビューの質問を考えよう！

1）質問を考えるときに気をつけること

- 5つの質問で、自分達の知りたいことがわかるかどうか。
- 5つの質問が関連しているかどうか。
- 相手に質問の目的がわかるかどうか。
- 相手が答えやすい質問かどうか。
- あとでデータの集計がしやすいかどうか。

2）いろいろな質問の形

●先輩の例　テーマ：日本人とファッション

目的：日本人はファッションについてどう思っているか知るため

質問1（　　　　）あなたにとってファッションは大切ですか。

質問2（　　　　）どうしてですか。

質問3（　　　　）どのような種類の服が好きですか。（複数回答）

1）エレガント　2）スポーティ　3）フォーマル　4）カジュアル

5）ヒップホップ　6）ブランド物　7）その他

質問4（　　　　）あなたは服を買う時にデザインと値段とどっちを優先しますか。

質問5（　　　　）4の答えを選んだのはどうしてですか。

質問5—1　デザインを選んだ人

1）高くてもいい物を着たいから　2）かっこよく（きれいに）なりたいから

3）値段より似合うことが大切だから　4）高い物は丈夫だから　5）その他

質問5—2　値段を選んだ人

1）お金がないから　2）あまり興味がないから（ほかのものにお金を使いたいから）

3）着られればいいから　4）その他

◆上のインタビュー調査の質問はどのような種類ですか。
下から選んで（　　）に入れなさい。

①「はい」か「いいえ」で答えてもらうもの　② 答えを選択肢から選んでもらうもの

③ 自由に答えてもらうもの

●質問・予想シート

「日本人50人に聞きました」 発表者（　　　　　　　　　　）

日本人にどんなことを聞きたいですか。

★テーマ「　　　　　　　　　　　　　　　　　　　　　　　　」

★目的 ＿＿＿＿＿＿＿＿＿＿＿＿＿＿＿＿＿＿＿＿＿＿＿＿知るため

質問1

予想

質問2

予想

質問3

予想

質問4

予想

質問5

予想

★結果大予想！　日本人は＿＿＿＿＿＿＿＿＿＿＿＿＿＿＿＿＿＿＿！

3．日本人にインタビューしよう！

1）インタビュー調査に行く時、どんなことが心配ですか。どんな問題が起こりそうですか。

・

・

2）インタビュー調査に行く前に知っておきたいことは何ですか。

・

・

★みんなで対策を考えよう

・話しかける時の態度

・インタビュー調査に行く時の服装と持ち物

・インタビュー調査をする時間と場所

・相手が嫌がった時

●インタビューの言葉

①話しかけよう！

A：「あのう、すみません。（お忙しいところ、恐れ入ります。）」

（Aさんの言葉が終わるか終わらないかのうちに）

B：「（テーマ）について5つだけ質問に答えていただけませんか。」

＊相手にたずねられたら、学校名や調査の目的を話しましょう。

②質問しよう！

「まず、年齢を教えていただけませんか。何十代ですか。 それでは、1つ目の質問です。」

③質問が終わったら、お礼を言おう！

「ご協力ありがとうございました。」

4．レジュメを作ろう！

インタビュー調査で集めたデータをまとめて、発表用のレジュメを作りましょう。

●いろいろなグラフ

①円グラフ：割合を表すグラフ

例）あなたにとってファッションは大切ですか。

はい、大切です・・・・・・・・・38人

いいえ、大切ではありません・・12人

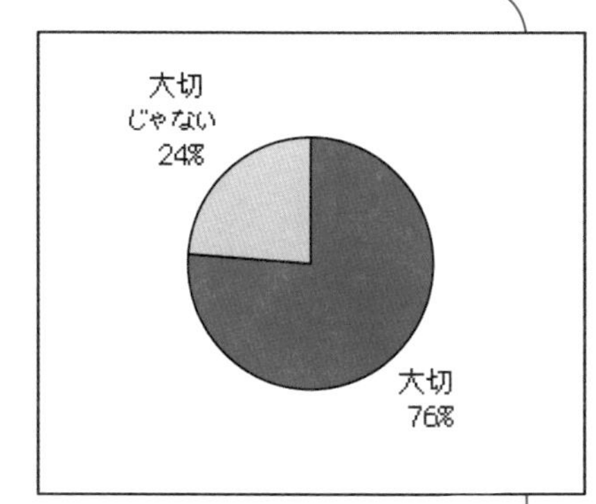

②棒グラフ：数量の大きさを表すグラフ

例）どのような種類の服が好きですか。（複数回答）

エレガント・・・・・6人

スポーティ・・・・・5人

フォーマル・・・・13人

ヒップホップ・・・・2人

カジュアル・・・・20人

ブランド物・・・・25人

その他・・・・・・18人

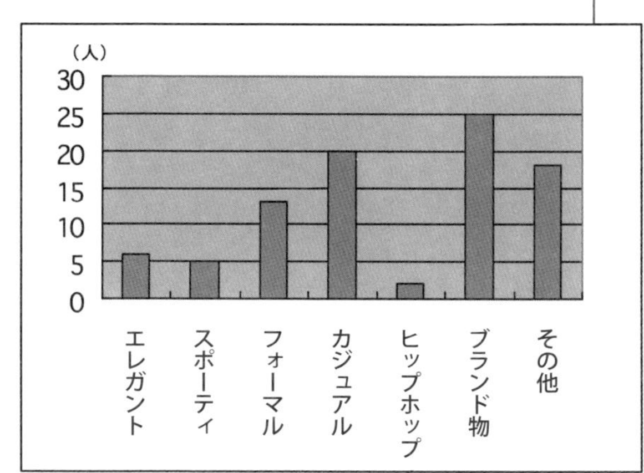

③折れ線グラフ：変化を表すグラフ

例）日本人の平均寿命

	男	女
1980年	73.35	78.76
1990年	75.92	81.90
2000年	77.72	84.60
2010年	79.55	86.30
2016年	80.98	87.14

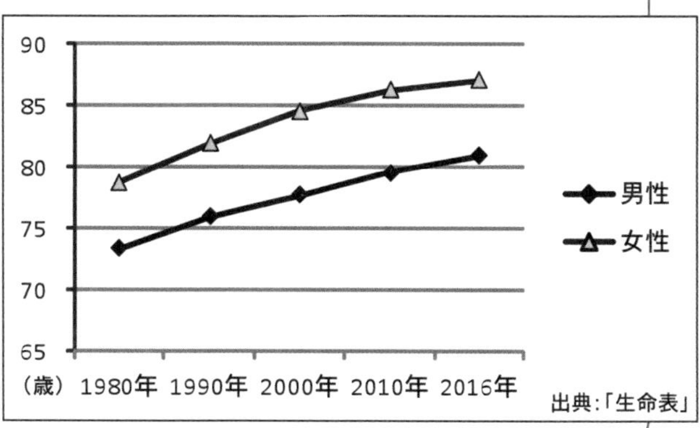

5．さあ、クラスで発表！

クラスで発表するときに気をつけることは、どんなことでしょうか。次のことを考えながら、発表の前に何度かグループでリハーサルをしましょう。

- 大きな声でみんなの顔を見ながら話すこと。
- 自分達の調べたことが伝わりやすいように、話す順番を考えること。
- みんなにわかりやすいように、むずかしい言葉をつかわずにいつもの言葉で話すこと。
- 発表後、みんなの質問に答えられるように資料やデータを準備しておくこと。

◆メモ

・グループの発表日　　月　　日
・インタビュー調査の予定日　　月　　日
・1回目のレジュメの提出日　　月　　日
・完成したレジュメの提出日　　月　　日

●発表用レジュメ　　発表日　　年　　月　　日

「日本人50人に聞きました」

★発表者：クラス（　　）　氏名（　　　　　）　国（　　　　）

★テーマ：

★目　的：

★インタビューの相手：

	10代	20代	30代	40代	50代	60代	70代～	合計
男性（人）								
女性（人）								

★インタビュー場所：

★インタビュー日時：

★質問1.

★質問2.

★質問3.

★質問4.

★質問5.

【課題(かだい)】

★まとめ：

★予想(よそう)と比(くら)べて：

★自分(じぶん)の国(くに)と比(くら)べて：

★やってみた感想(かんそう)：

●先輩(せんぱい)の例(れい)

「日本人 50 人に聞きました」

発表者　：　プラナタ（インドネシア）、オウ（中国）

テーマ　：　日本人と漢字

目　的　：　日本人が漢字のことをどう思っているのか知るため

インタビューの相手

	10 代	20 代	30 代	40 代	50 代	60 代	70 代〜	合計
男性	1	2	2	8	2	5	3	23
女性	3	3	3	12	3	1	2	27

インタビュー場所　：　寮、○○公園、○○駅の周り

インタビュー日時　：　1 月 15―22 日

質問 1）漢字が好きですか、嫌いですか

－好き... 35 人

－嫌い... 13 人

－好きでも、嫌いでもない 2 人

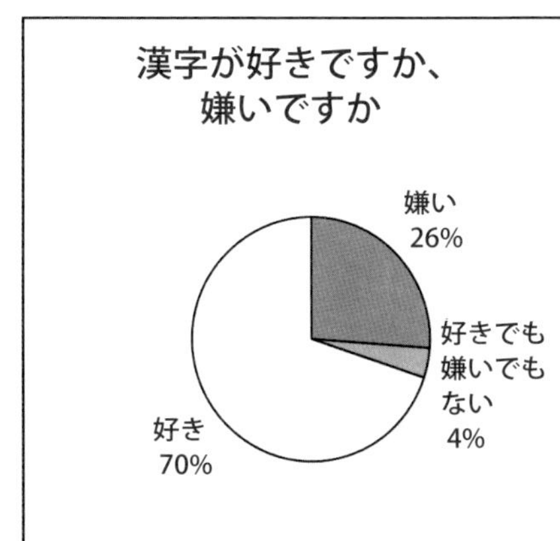

質問 2）

＊「好き」と答えた人、なぜ？

1．形で意味がわかるから・・・・・10 人

2．日本人だから・・・・・・・・・7 人

3．慣れているから・・・・・・・・6 人

4．子供の時から勉強しているから・6 人

5．仕事だから・・・・・・・・・・3 人

6．漢字の種類が楽しいから・・・・2 人

7．読みやすいから・・・・・・・・1 人

＊「嫌い」と答えた人、なぜ？

1．書き順が覚えにくいから・・・・7 人

2．漢字の数が多いから・・・・・・5 人

3．いつも悪い点をとるから・・・・1 人

＊「好きでも嫌いでもない」と答えた人、なぜ？

好きとか嫌いとか思わないから・・2 人

質問３）漢字がある方がいいですか、ない方がいいですか

－ある方がいい・・・40 人

－ない方がいい・・・10 人

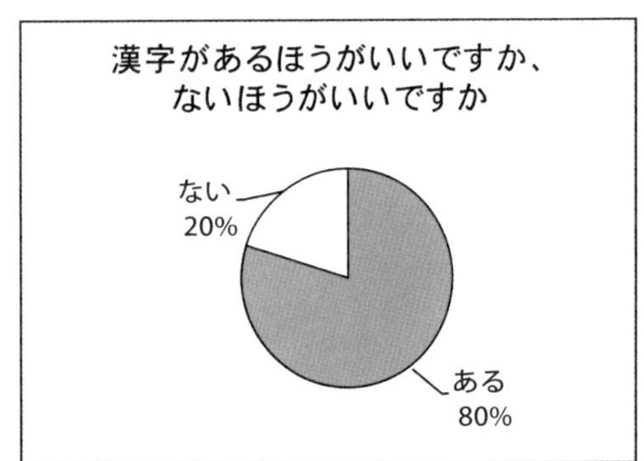

質問４）

＊「ある方がいい」と答えた人、なぜ？

１．一つで意味がわかるから・・・・13 人

２．慣れているから・・・・・・・・・8 人

３．読みやすいから・・・・・・・・・7 人

４．他の字を覚えるのがつらいから・6 人

５．文章が書きやすいから・・・・・6 人

＊「ない方がいい」と答えた人、なぜ？

１．難しいから・・・・・・・・・・・6 人

２．書きにくいから・・・・・・・・・4 人

質問５）もし漢字がなかったらどんな字を使いますか

１．平仮名・・・・・・・・28 人

２．片仮名・・・・・・・・3 人

３．ローマ字・・・・・・・9 人

４．平仮名と片仮名・・・・9 人

５．平仮名とローマ字・・・1 人

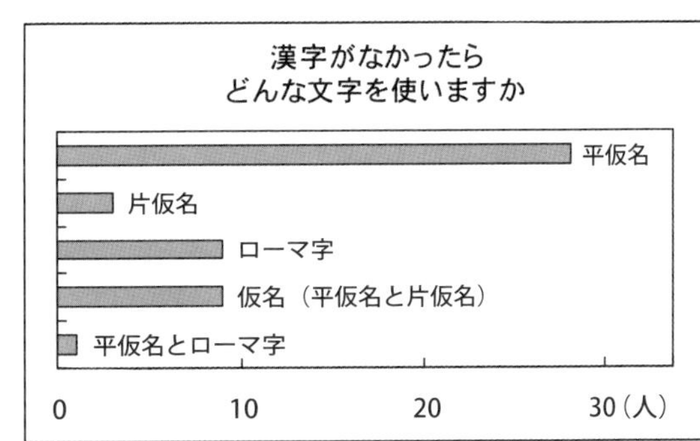

質問６）日本語が全部漢字で書くことになったらどう思いますか

１．困る・・・・・・・・19 人

２．いやだ・・・・・・・11 人

３．勉強しなおす・・・・9 人

４．日本語じゃない・・・4 人

５．大丈夫だ・・・・・・4 人

６．楽しくなる・・・・・3 人

＊まとめ：

日本人に「あなたは漢字が好きですか、嫌いですか」と質問したら、半分以上の人が「好き」と答えました。「好き」と答えた人の多くは30代から70代の人たちで、10代と20代の人たちはほとんど「嫌い」と答えました。多くの人が日本に漢字がある方がいいと答えました。もし漢字がなかったら、日本人は仮名（平仮名または片仮名）を使います。日本語が中国と同じように全部漢字で書くことになったら、日本人は「困る」または「いやだ」と思っています。漢字と平仮名と片仮名があることが、日本語の特徴だと考えています。

＊予想と比べて：

年齢別に日本人に漢字のことをどう思うか聞きました。中には漢字を勉強している小学生もいるし、ほとんど毎日漢字を使って仕事をしている人もいます。インタビューをする前は日本人は日本語に仮名があるから漢字があまり好きじゃないだろうと思っていましたが、インタビューしてみると、「好き」と答えた人が多いのでびっくりしました。その理由は主に漢字は一つずつ意味が表現できるからです。やはり、多くの漢字をおぼえればおぼえるほど楽しく感じるようになるそうです。

＊自分の国と比べて：

— 中国：

中国は文字が全部漢字だから、中国人は小さい時からずっと漢字に触れています。だから勉強するのはそんなに難しくないと思います。日本人は日本語に仮名があって、漢字が思い出せない場合は仮名で書いてもいいですから、漢字を覚えることに中国人ほど熱心ではありません。でも、日本語は仮名と漢字があるのが長所です。やはり仮名と漢字を一緒に使うのが中国語と比べて面白いところだと思います。

— インドネシア：

インドネシアには漢字がないので、漢字を勉強するのは大変です。漢字は意味が一つなのに読み方がいっぱいあるし、たくさん漢字があるのでやっぱりインドネシア人にとってローマ字の方が覚えやすくて便利だと思います。

＊やってみた感想：

最初に日本人に話しかけてインタビューするのは大変恥ずかしかったです。何度も人に断られて、私たちは自信がなくなってしまいました。でも、この宿題を通していろいろな経験を得られるはずだと意識して、諦めることなく最後までやり遂げました。

【編集】

日本学生支援機構　大阪日本語教育センター

【編集・執筆】

水落いづみ
川村光代
石倉さやか
冨田優子

【執筆】

藤間貴子
丸岡祥子
吉村淳代
長坂朋子
日比野 新
泉谷信枝
高木裕子
中西悦子

【イラスト】

岡本昌代
クーヤンイー
玉井亜由郁
村上亜希
真鍋明日香
ダニエラ パディジャ

知っていますか 日本のこと—学ぼう 話そう 日本事情—【改訂版（2023年版）】

2019年3月31日　初版発行
2020年3月19日　第2版発行　2021年11月8日　第2版2刷発行
2023年2月24日　改訂版（2023年版）発行　2024年1月30日改訂版2刷発行

［編集・発行］ **JASSO 日本語教育センター**
〒543-0001 大阪市天王寺区上本町8-3-13
電話 06-6774-0033（代表）
URL https://www.jasso.go.jp/ryugaku/study_j/jlec/ojlec/index.html

［発 売］ **株式会社 穂高書店**
〒101-0051 東京都千代田区神田神保町 1-15　杉山ビル 4F
電話 03-3233-0331　FAX 03-3233-0332
URL http://www.hotakabooks.com

●デザイン＝海保 透＋日吉洋人
●印刷＝シナノ印刷株式会社

ISBN 978-4-938672-40-9 C0081　Printed in Japan